Andrea Romeo

I0415243

Attivi passivamente

Guadagnare online con internet e le rendite passive

Codice ISBN: 9781081323943

www.pennypressweb.it

Indice

1

Premessa sul testo che leggerai

Introduzione al capitolo

Ormai è certo, si possono fare soldi online. Ci sono molti modi per riuscire nell'impresa, alcuni più immediati di altri, alcuni più proficui, altri ancora più semplici. Quello che come sempre consiglio personalmente è di provare.

Provare con una strategia, con un mix di strategie, seguire idee ben precise, va tutto bene, ma la parola d'ordine deve essere "sperimentare" per trovare il modello di business più adatto a noi.

Purtroppo difficilmente si otterranno grandi risultati senza sperimentazione, quindi il minimo che si può fare è cercare di capire come fare per ottimizzare al meglio il proprio lavoro. Così facendo si avrà precedentemente in testa una linea guida da seguire che ci permetterà di ridurre al minimo i passi falsi.

Questo testo nasce con quest'obiettivo, aiutare gli utenti a creare quella linea guida da seguire, in modo tale da riuscire a ridurre al minimo errori e inutili perdite di tempo.

È comunque sempre utile ricordare che ciò che funziona in un progetto, non è detto che funzioni bene anche in un altro, come tutto del resto. Ma se è così perché fare una guida da seguire?

La risposta a questa domanda è che si tratta sempre di fare delle scelte, in questo caso la scelta più adatta al nostro modello di business e una panoramica completa delle varie possibilità, potrà di certo aiutare a fare la scelta più corretta per noi.

Il testo racchiude diverse strategie che è possibile seguire, più o meno compatibili tra loro. In più l'idea di base è quella di essere d'aiuto all'utente già formato quanto all'utente che si avvicina ora a questo mondo digitale.

Nonostante questo però, troverete anche l'elenco delle persone che non dovrebbero leggere questo testo. Eh sì, apparentemente ci sono delle incongruenze, ma capirete tutto nelle prossime righe, anche perché ho deciso di scrivere questo testo senza mettere in mezzo troppi discorsi teorici, ma andando direttamente ai vari punti delle varie situazioni che verranno affrontate. Ci sono fin troppi testi tecnici, io ho voluto fare qualcosa di pratico e che possa essere davvero d'aiuto per chi vorrà leggerlo. Né tanto meno vi farò un elenco di nomi di persone che "ce l'hanno fatta" a creare qualcosa di solido online, senza dirvi come potete fare per realizzare qualcosa di buono anche voi. Ho notato che quando si cercano informazioni su questi temi, la maggior parte delle guide si concentra su chi le scrive e non su chi legge, senza dare informazioni pratiche su come deve fare l'utente per riuscire a realizzare qualcosa di buono anche lui.

1.1 Chi non deve leggere questo libro (e chi dovrebbe farlo)

Iniziamo da chi NON deve leggere questo libro.

Gli esperti in marketing, per esempio, non dovrebbero leggere questo libro. Perché non dovrebbero farlo? Semplice, perché sono esperti e probabilmente penseranno che non hanno niente da imparare da questo testo. Forse è vero, ma forse no, perché la formazione costante è importantissima.

Quando un professionista è già formato, può capitare che leggendo testi, manuali, articoli, ecc., legga molte cose che già conosce. Questo è normale, ma c'è sempre qualcosa di nuovo da imparare.

Perché però, se la penso così, ho detto che gli esperti in marketing non dovrebbero leggere questo libro?

Purtroppo, sempre più spesso ultimamente, tutti pensano di essere esperti in un determinato settore e criticano a priori qualsiasi testo che non gli piazzi già nelle prime due righe qualcosa che non sanno.

Quindi cosa dico a queste persone? Che non posso fare le prime due righe adatte solo a loro, ma preferisco fare un testo intero indicato per un numero maggiore di persone.

Chi dovrebbe leggere questo libro invece?

Al primo posto mettiamo chi PENSA di essere esperto in marketing. Ma non lo è.

Come fare a capire se sei un esperto in marketing o se pensi di esserlo ma non lo sei? Semplice. Riesci a guadagnare e a vivere tranquillamente facendo ciò che fai? Sai ottenere il massimo dai tuoi progetti e una buona parte dei tuoi guadagni viene generata in modo passivo? Bene, sei un esperto in marketing, congratulazioni.

Invece, fatichi a fare quanto detto poco fa? Non sei un esperto in marketing, mi dispiace.

Un'altra categoria di persone che troveranno interessante questo testo, sono quelle alle quali piacerebbe ottenere le basi e un'infarinatura generale sui modi per guadagnare online.

Probabilmente, se stai leggendo queste premesse, hai capito lo spirito del testo e sei probabilmente la tipologia di persona più adatta a leggerlo. Come lo so? Perché chi pensa di essere esperto, ma non lo è, salta sempre le premesse.

2

Le rendite passive non esistono

Introduzione al capitolo

Scommetto che stai pensando a un errore di battitura, che a qualcuno è scappato il dito sulla tastiera andando a scrivere "non".

Purtroppo non è così. Il dito non è scappato a nessuno e si trova al suo solito posto.

Ora invece starai pensando: Ma allora perché tutta questa premessa, questo titolo accattivante? Sono proprio furioso… Hey calma, riapri il tuo computer o qualsiasi cosa tu abbia spento preso dalla frustrazione.

Le rendite passive non è che non esistono, è che non sono poi così passive.

Mi spiego meglio citando me stesso:

> *Il reddito passivo non si genera automaticamente, serve del lavoro prima, durante e dopo, quindi in un certo senso usiamo il termine "passivo" in modo non molto appropriato alla situazione, ma di fatto è così, generare reddito passivo è possibile.*

Tanti, ma veramente tanti, specialmente online, fanno sembrare le cose più facili di quello che sono. Io con queste parole non voglio scoraggiare nessuno, però voglio far presente e mettere in chiaro che nessun metodo (neanche quelli presenti in questo testo) potrà funzionare se non c'è del lavoro solido di preparazione.

La preparazione in questo contesto è fondamentale. Voi regalereste i vostri soldi a qualcuno? Perché pensate che ci sia qualche sistema disposto a regalarli a voi? Se lo pensate, mi dispiace dirvi che non c'è alcun sistema magico. Però posso dirvi che esistono sistemi che con il giusto impegno possono portare a buoni risultati e io cercherò di aiutarvi a scoprirli cercando di essere il più chiaro possibile. Se vi state avvicinando adesso a questo mondo, probabilmente cercate materiale sull'argomento già da un po' e potreste ritrovare nei capitoli successivi concetti sui quali avrete (forse) già letto qualcosa. Vedrò quindi di fare ordine cercando di proporvi qualcosa che con un po' d'impegno sarà certamente alla vostra portata.

Se invece siete nel campo già da un po', se state leggendo queste righe, probabilmente state cercando qualcosa di nuovo. Continuate a leggere, magari c'è qualcosa di molto utile anche per voi.Tutti si possono specializzare, ma nessuno sa tutto e se c'è chi pensa di sapere tutto sbaglia. Anche io mi aggiorno costantemente e cerco sempre di trovare qualcosa di nuovo, ma soprattutto cerco di creare io qualcosa di nuovo. In definitiva c'è sempre qualcosa da imparare. Quindi tranquillizzatevi, le rendite passive esistono, ma purtroppo, per ottenerle dovrete fare tutt'altro che restare passivi.

2.1 Prerequisiti per il reddito passivo

Come avrai notato, se leggi spesso articoli, testi o altro sulle rendite passive, queste informazioni che stai leggendo qui sono un po' diverse dal solito. Ci sono molti modi per generare rendite passive, su tanti di questi ho scritto diversi articoli io stesso, ma anche se questi sono metodi validi, questo testo vuole proporre qualcosa di diverso.

Un'altra cosa che voglio inserire per chiarezza, sono i prerequisiti necessari a generare queste tipologie di reddito.

Prima di tutto, ci si chiede spesso "Come creare rendite passive con il blog?", ma non ci sono solo i blog, ci sono anche gli e-commerce per esempio e in generale esistono situazioni che possono essere applicate a siti web di tipologie diverse. In ogni caso, usare il blog, o accostare il blog ad altri progetti è una strategia molto proficua per far funzionare il progetto generale.

Intanto portiamo traffico, ma cosa più importante, se sappiamo come gestire il blog portiamo buon traffico.

Certo, non voglio dire che sia facile, ma che si può fare, c'è chi lo fa... quindi...

3

Come e quanto si guadagna con un blog?

Introduzione al capitolo

Se anche tu hai un blog, probabilmente ti starai chiedendo se c'è un modo per guadagnare usando proprio quel blog che curi da mesi, da settimane, da giorni… ehm… ore?! Beh forse non l'hai ancora nemmeno realizzato il blog ed è solo un'idea che magari svanirà tra poco, se non è già svanita, o magari diventerai un grande blogger, chi lo sa?!

Un'altra cosa che ti starai chiedendo è quanto puoi guadagnare con il tuo blog. Insomma, vuoi fare le tue ricerche prima di lanciarti in questa esperienza o stai cercando un modo per migliorarla.

Come so che ti stai chiedendo come e quanto si guadagna con un blog?! Semplice, ti ricordo che hai deciso di aprire e leggere il capitolo che si chiama "Come e quanto si guadagna con un blog?"

Spesso, o quasi sempre, le persone parlano/scrivono delle grandi somme che hanno guadagnato con blog di successo, ma sono pochi quelli che offrono stime realistiche o anche solo consigli per i blogger. Io voglio essere tra quelli che vi danno consigli, non tra quelli che vi fanno notare quanto loro o altri sono riusciti a fare, senza darvi indicazioni su come anche voi potete migliorare.

Quindi cerchiamo di fare chiarezza.

Nelle prossime righe seguire cercheremo di capire:

- Come si guadagna con un blog
- Quanto si può guadagnare (ma non parliamo di cifre)
- Quali sono i principali approcci al blogging professionale
- Infine, su cosa ci si deve concentrare per ottenere risultati

Creare un blog, di per sé, non è un'operazione difficile. Quello che è difficile è farlo funzionare a dovere. Fare in modo che generi costantemente dei guadagni per noi.

Poi magari opterete per una strada che non comporti questo genere di difficoltà, per esempio nel caso dei blogger impiegati per un'azienda o un sito web specifico. In ogni caso per iniziare a guadagnare è meglio schiarirsi le idee.

3.1 Vediamo come

Esistono diversi modi per monetizzare il tuo blog. Non sono tutti uguali e certamente alcuni funzionano più di altri, ma vediamo alcuni dei metodi principali che possiamo adottare:

- Affiliate marketing

Sostanzialmente c'è da una parte l'azienda che vuole promuovere un prodotto, un servizio ecc., e permette ai suoi affiliati di promuovere questo prodotto, servizio, ecc., tramite dei link di affiliazione.

Quindi, restando sul tema del blog, il concetto è di scrivere articoli su quei prodotti o servizi dell'azienda che vi offre il programma di affiliazione, se l'articolo funziona e quindi chi lo legge raggiunge il sito dell'azienda tramite il vostro link di affiliazione, voi otterrete la percentuale di guadagno stabilita dal programma di affiliazione, nel momento in cui l'utente effettuerà l'acquisto. Già, perché per finalizzare il tutto, l'acquisto è fondamentale in questo caso. Ovviamente poi i programmi di affiliazione variano, questo è solo un esempio pratico.

- Infoprodotti

Se siete esperti di qualcosa perché non vendere le vostre competenze?!

Come fare a vendere le proprie competenze?! Riportandole su un video-corso, un eBook ecc.

In questo caso il blog diventa una vetrina. Tramite questa vetrina facciamo vedere di conoscere bene l'argomento che stiamo trattando e ci proponiamo come esperti di un determinato settore e in quanto esperti perché un utente non dovrebbe acquisire le nostre stesse informazioni grazie al nostro aiuto? Un video-corso o un eBook potrebbero aiutarlo a raggiungere quell'obiettivo.

- Banner

È davvero facile aggiungere banner al blog per iniziare a generare entrate. La pubblicità tramite banner è una delle più antiche e consolidate tecniche pubblicitarie su Internet. Basta avere un minimo di esperienza di navigazione online per essersi imbattuti nei banner pubblicitari.

Come funziona la pubblicità con i banner? Il blogger rende disponibili alcuni spazi pubblicitari del proprio blog, poi i click su quei banner da parte dei lettori porteranno a un guadagno per il blogger. In questa tipologia di soluzione, il guadagno è minimo per ogni click, quindi questa soluzione rende bene nei siti web con molto traffico e buoni contenuti.

Si può essere pagati a click, come per esempio fa Adsense, mentre altri pagano anche per la semplice visualizzazione del banner.

3.2 Vediamo quanto

Puoi guadagnare un sacco di soldi o non puoi guadagnare niente. Alla base di tutto c'è il saperci fare.

Diffidate da tutti quelli che dicono:

- *Fai così e guadagnerai esattamente questa cifra.*

C'è chi lo dice, ho visto anche dei corsi a tal proposito che tra l'altro si rifanno alla categoria degli infoprodotti.

Nessun corso e nessun ragionamento preimpostato porteranno a un guadagno di una cifra ben precisa. Anzi è un insieme di fattori non prevedibili. Si può solo provare a seguire le strategie migliori nel modo più accurato possibile, questo sì ovviamente. Si possono studiare casi di successo, anche questo va bene, ma alla base di tutto c'è l'impegno nel realizzare un buon blog, un buon progetto e la voglia di offrire ai lettori un contenuto di qualità.

Ci sono poi i metodi indiretti. I metodi citati fino a ora sono tutti metodi diretti, vediamo anche quelli indiretti.

Dopo aver realizzato il blog, esserci proposti come esperti di un determinato settore, possiamo iniziare a proporci anche come consulenti di quel determinato settore. In pratica veniamo pagati per offrire le nostre consulenze professionali o altri servizi che decideremo di proporre.

In questo caso il blog converte i lettori in clienti.

Poi c'è un altro aspetto. Se abbiamo diverse persone che ci seguono in quanto esperti di un settore, può capitare che le aziende che operano in quel determinato settore ci contattino per chiederci di scrivere un articolo in cui parliamo del loro prodotto o servizio. Può sembrare strano ma è così. Quando cerchiamo informazioni su un determinato prodotto o servizio, ci affidiamo a internet e in base alla categoria di prodotto o servizio, spesso ci capita di vedere che ne pensano sul blog che seguiamo sempre, in quanto li riteniamo esperti e pensiamo anche che siano affidabili gli articoli che leggiamo nei loro blog, nonché le recensioni.

Questo le aziende lo sanno, quindi se chi è molto seguito, parla bene del loro prodotto/servizio, non possono che ottenere un vantaggio da questi blogger che li pubblicizzano, di conseguenza sono disposte a pagare il blogger in questione. In questo caso si parla di sponsorizzazione da parte dell'azienda.

3.3 Approcci principali al blogging professionale

Ci sono due approcci principali al blogging professionale:

- Potresti essere un blogger freelance, impiegato per un'azienda o un sito web stabilito.

- Oppure puoi iniziare il tuo blog da zero.

Ottenere un lavoro come blogger professionista è molto più facile che iniziare da zero con il tuo blog.

Se sai scrivere bene, se conosci un argomento e se sai come impostare un articolo e riesci a ottenere un lavoro con un blog affermato puoi guadagnarti da vivere bene.

Tuttavia, impostare e monetizzare il tuo blog, richiede molto più lavoro, come avviare la tua attività.

Certo, se riuscirai a realizzare un blog proficuo probabilmente guadagnerai molto di più del blogger impiegato. Ma non è semplice.

Non esiste un vero percorso di carriera o traiettoria su cui basare le aspettative.

Ci sono persone che hanno fatto veramente molti soldi creando il loro blog. Altri ancora portano un blog al successo per rivenderlo, perché riescono a ottenere il massimo dal blog in modo naturale e in tempi relativamente brevi, sfruttando tecniche che hanno testato e migliorato nel tempo.

La creazione del blog con lo scopo di rivenderlo può sembrare una cosa strana a molti, ma non è difficile trovare blog in vendita o blogger che si dedicano esclusivamente a questo.

Poi c'è anche chi scrive bene, ma non ottiene niente dal proprio blog, anche questo scenario non è raro, anzi.

Il punto è riuscire a trovare la tecnica per monetizzare il blog, che più si adatta al nostro progetto.

Molti pensano che basti creare un blog, copiare qualche articolo e riempirlo di banner per iniziare a guadagnare.

Non è così, nessuno regala i soldi. C'è chi pensa che chi si è arricchito con i blog, si è arricchito senza fare niente, ma realizzare un blog di successo, non è non fare niente, c'è dietro tanto lavoro e passione, nonché ricerca e dedizione.

3.4 Su cosa ci si deve concentrare?

- La nicchia di lettori è un aspetto molto importante. Dopo aver realizzato il blog strutturalmente è importante pensare a chi ci stiamo rivolgendo, o meglio, a chi vogliamo rivolgerci. Quindi dobbiamo individuare la nicchia dei nostri lettori.

- Dare valore è un'altra cosa molto importante. Che significa dare valore?! Far sì che il lettore pensi di non aver sprecato il suo tempo nel leggere il nostro articolo.

- Dedicare il giusto tempo è un altro aspetto fondamentale. Non si ottiene il successo se non si segue il progetto, o se non ci s'impegna nel seguirlo nel modo adeguato. Basta trovare il giusto compromesso tra il tempo da dedicare al blog e il tempo da dedicare ad altro. Il punto è che il tempo da dedicare al blog deve essere realistico, nel senso che per sfornare dei contenuti di qualità il tempo ci vuole.

- Cerca di far crescere il blog in modo naturale, non forzare la mano, non "costringere" le persone a passare a trovarti. Molti pensano che inserire nei commenti di altri blog un messaggio preimpostato che non c'entra niente con il resto della discussione, aiuti ad aumentare il traffico. Ma non è così, anche perché non tutto il traffico è un buon traffico e specialmente quello forzato non lo è.

- Non pensare al guadagno da subito. A meno che tu non crei blog sfruttando strategia testate, per poi rivenderli (ma se sei così esperto, non starai di certo leggendo questo testo), dovresti prima concentrarti sui contenuti.

- Distinguiti dagli altri, non copiare, non essere troppo macchinoso, sii originale e cerca di portare il lettore a conoscere il tuo punto di vista, non quello degli altri. Cerca di creare qualcosa di originale, perché c'è sempre qualcuno che tratta i tuoi stessi argomenti e devi dare un motivo per farti scegliere tra la massa.

- Scrivi articoli su ciò che conosci. Solo se conosci qualcosa puoi pensare di dare consigli o informazioni agli altri. Se si parla di ciò che non si conosce, non si è credibili e poi non si potrà mai dare un proprio punto di vista, perché non lo si ha.

- Scegli la giusta strategia per monetizzare. Dopo aver fatto tutto il resto, puoi pensare anche al guadagno, senza esagerare e con giudizio. Una strategia ben sfruttata è molto più redditizia di cinque strategie non sfruttate al meglio.

In conclusione direi che trarre ispirazione dagli altri, da chi ha fatto un buon lavoro, da chi ha dimostrato di saperci fare insomma, può essere certamente una buona idea. Ma poi, per fare la differenza, si deve scegliere la propria strada e percorrerla nel modo più originale possibile, ma specialmente nel modo più in linea con il nostro modo di essere e con la nostra personalità.

4

Come creare rendite passive online

Introduzione al capitolo

Specialmente negli ultimi anni è sempre più frequente, si vedono blogger e imprenditori digitali che hanno sviluppato un sistema che li fa guadagnare anche quando stanno facendo tutt'altro che lavorare.

Ma è davvero possibile? O meglio com'è possibile? Perché sul fatto che sia tutto fattibile ormai non ci sono più dubbi, come sia possibile invece, lo vedremo insieme adesso.

Capiremo come fare per ampliare la nostra offerta, in modo da essere potenzialmente sempre in grado di accettare una commessa.

Vedremo come sfruttare le nostre conoscenze per guadagnare in diversi modi e capiremo anche come fare per non buttare via niente in termini di materiale creato per vari lavori e molto altro ancora.

Insomma, ci sono diversi modi per creare rendite passive, dovrai solo sceglierne uno, o decidere una combinazione di strategie da seguire e poi potrai anche tu iniziare a guadagnare online.

Benissimo, iniziamo e vediamo subito come creare rendite passive attraverso il nostro sito web.

4.1 Vendi servizi che non offri

Questo primo punto di certo può confondere le idee. Come facciamo a vendere un servizio che non possiamo offrire? Semplice, affidandoci ad altri ma sempre guadagnando anche noi.

Ipotizziamo di essere dei fotografi, forniamo tutti i classici servizi che offrono tutti i fotografi, ma ci rendiamo conto che potremmo aumentare le nostre entrate fornendo servizi paralleli che non sono perfettamente in linea con le nostre competenze. Per esempio, negli ultimi anni, hanno preso piede i siti web per matrimoni, oltre ai classici album e video. Cosa possiamo fare quindi? Non abbiamo le competenze per offrire questo servizio, ma c'è richiesta e stiamo perdendo possibili clienti ostinandoci a non offrire tutti i servizi legati ai nostri servizi principali. Come fare allora? Nulla ci vieta di entrare in contatto con un web master che può fare il lavoro per noi senza problemi. Il web master in questione ci proporrà un listino prezzi agevolato in modo che possiamo rivendere il servizio senza problemi, guadagnando qualcosa.

Questo metodo è molto proficuo, per entrambe le parti. Io stesso per esempio, offro le mie competenze con prezzi di riguardo a chi vuole rivenderle, per esempio nel campo della creazione siti web. Infatti, realizzo siti web per conto di molti altri professionisti che hanno attività parallele e hanno voluto incrementare le loro entrate fornendo anche questo servizio.

Comodo no? Non devi avere tutte le competenze del mondo, non è possibile, basta avere qualcuno che svolge il lavoro per te e guadagnare anche mentre questo qualcuno lavora a tuo nome.

4.2 Vendi le tue competenze

Hai realizzato un blog che genera un buon traffico, perché? Probabilmente offri ottimi contenuti, la gente ha capito che sai di cosa parli e ti ha eletto esperto della tua nicchia di riferimento. Bene. Con questa premessa pensi di avere problemi a vendere le tue competenze? Io non credo, tutti vogliono imparare dal migliore e se il migliore sei tu vendi le tue conoscenze tramite corsi, video guide ecc. Ma soprattutto offri la tua consulenza. Le aziende migliori vogliono circondarsi di persone come te che le consigliano appunto su cosa fare, come muoversi, come essere più proficue ecc.

Puoi proporre tranquillamente le tue competenze a pagamento ovviamente e offrire la possibilità di usufruire di un tuo intervento in prima persona per risolvere un problema. Così sei passato dal vendere una consulenza, al vendere un servizio.

Certo, questo punto sulla consulenza non genera propriamente reddito passivo poiché c'è bisogno di un tuo intervento. Ma è la struttura e il meccanismo che ti porta a ricevere lavoro passivamente e quindi anche questo metodo possiamo inserirlo tranquillamente in questa guida.

Questo comunque accade anche se vendi guide, corsi ecc., in quanto è vero che se li vendi guadagni passivamente, ma è vero anche che prima di venderli devi prepararli. Quindi il lavoro c'è sempre.

Il reddito passivo in sé è ottimo, ma il lavoro dietro c'è sempre, l'impegno e la costanza. Quindi dobbiamo capire che c'è molto lavoro dietro e che viene prima di creare una struttura che generi un reddito passivamente, che ci porta lavoro passivamente, in quanto non dobbiamo cercarlo ma è il cliente che cerca noi.

4.3 Vendi materiale creato in altre occasioni

Ipotizziamo di essere dei grafici. È normale che in anni di lavoro, qualcuna delle nostre proposte venga scartata, o perché non abbiamo capito le idee del cliente, o perché il cliente preferisce semplicemente altre proposte, o per mille altri motivi ancora.

Bene, il nostro tempo ormai l'abbiamo sfruttato per creare la nostra proposta, al cliente non va bene? Perfetto, di fatto è ancora mia e io me la rivendo!

Basta pensare a chi progetta loghi, ai web designer, a chi crea materiale pubblicitario ecc., quanto materiale hanno da parte nel proprio PC? Se si lavora da anni direi molto.

E siete davvero sicuri che il logo scartato dal cliente non vada benissimo a un altro cliente?

Certo tutto il materiale, che sia un logo o altro tipo di materiale grafico, va adattato e reso neutro prima di essere messo in vendita, vanno rimossi nomi, slogan ecc., ma si può fare senza problemi.

Io ho provato questo con i siti web, che sono una fetta importante del mio lavoro. Ho venduto moltissimi template adattandoli alle esigenze dei nuovi clienti.

Tante volte il punto fondamentale è questo:

Un progetto non viene scartato perché non è valido, ma perché il cliente ha in testa idee che non è in grado di spiegare più di tanto e siamo costretti ad andare un po' a tentativi e quando capita questo, può capitare che il progetto presentato, seppur ottimo, al cliente non vada bene.

Pazienza, guadagneremo ugualmente qualcosa con quel progetto.

4.4 Vendi guide ed eBook

Questo punto ovviamente è legato a quello in cui suggerisco di vendere le proprie competenze. Sostanzialmente è la stessa questione ma vista da un altro punto di vista che rende la forma di guadagno più passiva rispetto all'altro metodo. Certo se vendiamo una guida o un eBook scritti da noi, stiamo vendendo le nostre competenze, quindi si torna sempre lì. Il punto però qui è un altro. Lì si parlava principalmente di vendere le proprie competenze sotto forma di consulenza. Qui si parla di preparare precedentemente del materiale che racchiuda le nostre competenze e di venderlo a chi è interessato ad acquisire le nostre informazioni.

4.5 Promuovi servizi altrui

Qui rientriamo nel marketing di affiliazione. Quando scriviamo articoli per il nostro blog, se lo stiamo facendo correttamente, stiamo scrivendo articoli per una nicchia ben precisa, quindi tutti gli utenti di quella nicchia hanno a che fare con gli stessi strumenti, le stesse problematiche ecc., di conseguenza possiamo andare in loro aiuto fornendo i nostri consigli, da vedere in questo caso come la soluzione ai loro problemi.

Ipotizziamo di essere web master e di gestire un blog che parla della creazione di siti web. Chi crea siti web con cosa deve fare spesso i conti? Hosting, CMS, moduli, plugin, template/temi ecc. Per questo esempio prendiamo in considerazione l'hosting, chi ci segue sa che sappiamo sempre di cosa parliamo e non avrà problemi a seguire un nostro consiglio sulla scelta dell'hosting. Quindi come agiamo? Aderiamo a dei programmi di affiliazione offerti dalle compagnie di hosting e creiamo articoli che parlano proprio di questo, in modo imparziale però, non dobbiamo prendere in giro gli utenti, ma dobbiamo scrivere articoli seri che descrivano le nostre esperienze, opinioni ecc. Successivamente, noi guadagneremo tramite il link di affiliazione che inseriremo nell'articolo e che ci permetterà di guadagnare una percentuale sulle vendite, per ogni utente che acquista un servizio sul sito web dell'azienda che ci ha offerto il programma di affiliazione.

5

Come fare soldi con il blogging

Introduzione al capitolo

Eh sì, con il blogging si possono fare soldi. È facile? No! Possibile? Si, certamente e adesso vedremo come fare.

Ci sono molte guide online su come fare soldi con il blog, ma io cercherò di offrire qualcosa in più, cercando di essere sempre obiettivo sui consigli che darò.

Perché ho fatto questa precisazione? Perché anche chi non sa niente di blog, può fare una guida su come fare soldi con il blogging, se si limita a parlare per "teoria", la pratica però, di fatto, è un'altra cosa, quindi vedremo cosa fare nello specifico senza essere troppo teorici.

Capiremo:

- Come scegliere una nicchia a cui rivolgerci
- Come offrire contenuti di qualità e l'importanza di farlo
- Come "catturare" più utenti possibile
- Come monetizzare il nostro lavoro

Come avrete notato, il punto sul monetizzare il nostro lavoro è l'ultimo. In quanto come sempre, prima di riuscire a guadagnare, passivamente o meno, dobbiamo metterci a lavoro senza trascurare niente.

Così facendo riusciremo a mettere online un buon progetto e solo se alle spalle abbiamo un buon progetto, una buona idea ecc., riusciremo a monetizzare il nostro lavoro.

5.1 Scegliere una nicchia redditizia per il proprio blog

Scegliere una nicchia redditizia per il blog è importante, ma sia chiaro, deve essere comunque un argomento sul quale abbiamo delle buone conoscenze, altrimenti non potremo offrire contenuti di qualità e soprattutto non offriremo quel qualcosa in più rispetto a chi tratta gli stessi argomenti.

Quindi:

- Cerchiamo di capire in che ambito possiamo dire la nostra scegliendo i settori che conosciamo meglio.

- Confrontiamo i settori e verifichiamo quale potrebbe essere potenzialmente il più redditizio. Per popolarità dell'argomento, vastità del pubblico ecc. Studiare il pubblico, ciò che cerca e capire attualmente dove lo trova è molto importante per poter offrire qualcosa di buono. Perché per fare soldi abbiamo bisogno di persone che vogliono spendere soldi e non lo fanno senza motivo o per un prodotto scadente.

Adesso abbiamo individuato il nostro settore, quello dove possiamo fare la differenza e non lo abbiamo fatto a caso, in quanto abbiamo affinato la ricerca scegliendo la nicchia di mercato più redditizia.

Voglio fare un esempio pratico.

Siamo esperti di tecnologia e d'informatica. Bene, stiamo parlando di un settore con molta richiesta e vasto pubblico di persone. Però cerchiamo di ricavare una nicchia precisa da tutto questo. Abbiamo conoscenze di tecnologia e di informatica ampie e varie, ma il campo dove siamo più forti è un settore più specifico, gli smartphone.

Benissimo, stiamo individuando sempre meglio il settore dove possiamo fare la differenza.

Approfondiamo ancora, le nostre conoscenze e competenze, dove potrebbero renderci utili ad altre persone? Magari siamo esperti di Android, oppure nel tempo ci siamo fatti una cultura sugli smartphone economici, oppure ancora sugli smartphone cinesi ecc. Nel nostro esempio, ipotizziamo di essere esperti in smartphone cinesi. Ecco individuata la nostra nicchia e il nostro pubblico.

Quindi cosa abbiamo fatto? Siamo partiti da lontano, fino ad arrivare a un pubblico ben preciso, gli utenti interessati agli smartphone cinesi (sono partito da un esempio, ma facendo delle verifiche ho notato che davvero c'è un vasto pubblico in questa nicchia).

Ecco il nostro percorso partendo dalle nostre conoscenze generali:

Tecnologia e informatica > Smartphone > Smartphone cinesi

5.2 Offrire contenuti di qualità

Ok, adesso abbiamo individuato la nostra nicchia di mercato e l'abbiamo fatto con attenzione prendendo in considerazione tutti gli aspetti fondamentali.

Quindi le competenze ci sono, il mercato a cui rivolgerci c'è, cosa offriamo ora?

Contenuti di qualità! Questa è la risposta. Da notare che non ho scritto solo "contenuti", ma ho aggiunto "di qualità". Le idee non sono abbastanza, né la quantità, invece la qualità sì, perché devi creare il miglior contenuto mai pubblicato sull'argomento che stai trattando. Conoscendo la tua nicchia (ricordate le ricerche fatte prima? Bene.) sai quali contenuti sono popolari e quindi scrivi esclusivamente su questi argomenti. In più devi offrire più valore al lettore rispetto a qualsiasi altro post pubblicato su quell'argomento.

Le persone leggono ciò che scrivi solo se capiscono che sai quello che scrivi.

Chi impara dal peggiore?! Chi sceglie di perdere il proprio tempo a leggere cavolate?! Io credo nessuno e dovresti crederlo anche tu.

Riassumendo, sai chi è il tuo lettore perché hai individuato la nicchia, sai cosa cerca e cosa vuole sapere, leggere, ecc., adesso crea il miglior contenuto che possa trovare in rete.

Contenuti unici e ben fatti, non solo migliorano la propria visibilità e attendibilità online, in quanto ci propongono come esperti del settore, ma migliorano anche il posizionamento in rete. Dobbiamo individuare il canale che ci porta più traffico e ottimizzarlo sempre di più.

Non tutti gli utenti raggiungono il nostro sito web allo stesso modo, quindi è importante capire come opera il pubblico all'interno delle nostre pagine e agire sempre di conseguenza. Ottimizzare il sito web sulla base delle abitudini dei nostri visitatori quindi, è molto importante per far sì che gli utenti siano guidati all'interno delle nostre pagine.

5.3 "Catturare" più utenti possibile

Tutto gira sempre attorno ai contenuti, sono alla base di qualsiasi attività online, che si tratti di un blog o meno, ma nel blog questo è ancora più importante.

Perché? Semplicemente perché sono i contenuti che portano gli utenti al nostro sito web, ma una volta che sono lì, dobbiamo "catturarli". Vediamo di riassumere i vari punti che ci consentiranno di "catturare" più utenti possibile.

Questa parte del testo è incentrata sul fare soldi con il blog, però dobbiamo vedere tutto in un'ottica diversa. Molti aspetti e molte operazioni non offrono subito un guadagno, ma nel tempo. Quindi se pensiamo di guadagnare subito senza fatica stiamo sbagliando, se invece capiamo che tutte le operazioni, se ben fatte, nel tempo miglioreranno la nostra posizione e quindi anche i nostri guadagni, stiamo facendo la cosa giusta.

Più utenti affezionati avremo, più guadagneremo. Meno contenuti di qualità avremo, meno utenti affezionati ci saranno, meno guadagneremo.

Quindi aumentiamo il numero dei nostri clienti affezionati.

Vediamo come farlo in diversi punti:

- Chat di assistenza

- Prove gratuite

- Offerte a tempo

- Mostrando i numeri

- Usando Exit intent popup

Analizziamo i vari punti.

Le chat di assistenza ci aiutano ad "acchiappare" utenti al volo, perché si crea un meccanismo diretto tra l'utente e i gestori del blog. Tra l'altro, possiamo guidare l'utente all'acquisto di un prodotto o un servizio, dare indicazioni e rispondere alle sue domande.

Le prove gratuite possono sembrare controproducenti, ma se abbiamo alle spalle un sistema già elaborato, unico e pronto all'uso non ci ruberà così tante risorse da far sì che il gioco non valga la candela. Certo questo consiglio è valido solo se il blog tratta determinati argomenti in cui è possibile offrire una prova gratuita per un determinato prodotto o servizio. In più dobbiamo essere pronti e riuscire a soddisfare eventualmente anche molte richieste. Per questo è importante avere una strategia ben studiata alle spalle se si decide di offrire questa soluzione.

Le offerte a tempo si basano sul concetto di fare "pressione", far capire agli utenti che l'offerta è davvero ragionevole e che potrebbero perderla se non si affrettano. È importante essere onesti però, in quanto l'offerta deve essere realmente tale e realmente a tempo.

Il punto che invita a mostrare i propri numeri è molto interessante. Se siamo riusciti a raggiungere livelli non da tutti, perché non farlo presente?! Un articolo che parla della nostra esperienza, dei nostri numeri e di tutto ciò che abbiamo fatto per raggiungerli, non può che essere una buona pubblicità che tra l'altro ci pone nuovamente come esperti della nostra nicchia di riferimento.

Infine, gli Exit intent popup sono molto utili per avere un'ultima possibilità con i nostri visitatori, in quanto appaiono quando l'utente sta per abbandonare il sito web chiudendo la scheda del browser per esempio. Possiamo sfruttare quest'ultima possibilità per richiedere un indirizzo email per esempio, per far presente una promozione ecc., insomma sono un ultimo tentativo di "catturare" l'utente.

5.4 Monetizziamo il blog con le affiliazioni

Ci stiamo rivolgendo a una nicchia ben precisa e redditizia. Abbiamo i migliori contenuti sugli argomenti che interessano ai nostri visitatori, abbiamo generato un buon traffico, "catturato" un buon numero di utenti, ecc., bene. Siamo pronti per iniziare a monetizzare.

Parliamo dei programmi di affiliazione.

Da un lato c'è l'azienda che offre un programma di affiliazione, ed è disposta a pagare una percentuale sulle eventuali vendite agli iscritti al programma. Dall'altro lato ci siamo noi con il nostro blog, che tramite articoli, banner ecc., invitiamo gli utenti ad acquistare qualcosa presso l'azienda che offre il programma di affiliazione al quale abbiamo precedentemente aderito.

5.5 Monetizziamo con gli infoprodotti

Molti blogger, compiono questo passo appena sviluppano una lista di utenti e un discreto traffico, ma poi non riescono a ottenere buoni risultati perché hanno saltato un passaggio. Quello dello studio dei nostri utenti.

Cosa significa? Molti pensano che se hanno traffico e utenti, possono vendere infoprodotti (cioè eBook, corsi ecc.). Prima di impiegare il proprio tempo nello sviluppare un contenuto di qualità da vendere, dobbiamo essere certi che ci sia qualcuno che voglia comprarlo. Come facciamo a saperlo? Studiando i nostri utenti. Il fatto che arrivano a migliaia sul nostro sito, vuol dire che i contenuti che abbiamo sono buoni, ma non è detto che vogliono anche spendere soldi per i nostri infoprodotti. Però, se stiamo già guadagnando con le affiliazioni, significa che sappiamo dove gli utenti spendono soldi e quindi possiamo sviluppare un'offerta adeguata alla ricerca del momento.

Semplice vero?! È incredibile ma abbiamo davvero già tutto davanti, dobbiamo solo capire quale ordine dare ai nostri passi.

Se avete seguito tutti i punti precedenti, avrete creato una struttura solida che produce reddito passivo. Ci sono altri metodi che possiamo utilizzare e ora riporterò i principali inserendo anche i metodi già citati.

5.6 Blogging e affiliate marketing

Si tratta dei programmi di affiliazione che abbiamo visto prima. Cerchiamo il programma migliore all'interno del nostro settore di riferimento, aderiamo e iniziamo a creare articoli che promuovano i servizi che dobbiamo proporre ai nostri utenti.

Citando nuovamente me stesso:

Quindi, restando sul tema del blog, il concetto è di scrivere articoli su quei prodotti o servizi dell'azienda che vi offre il programma di affiliazione, se l'articolo funziona e quindi chi lo legge raggiunge il sito dell'azienda tramite il vostro link di affiliazione, voi otterrete la percentuale di guadagno stabilita dal programma di affiliazione, nel momento in cui l'utente effettuerà l'acquisto. Già, perché per finalizzare il tutto, l'acquisto è fondamentale in questo caso. Ovviamente poi i programmi di affiliazione variano, questo è solo un esempio pratico.

6

Guadagnare 1000€ al mese in reddito passivo con il blog

Introduzione al capitolo

Non sarebbe bello se il nostro conto aumentasse di continuo, anche quando non stiamo neanche lavorando? Anzi, quando stiamo facendo tutt'altro, magari anche mentre dormiamo.

A molti ancora sembra strano, ma il reddito passivo non è impossibile da realizzare, anzi, con le guide giuste non è neppure poi così difficile. Mi spiego meglio, facile non è, perché ci vuole impegno e costanza. Ma le cose da fare, nella pratica potrebbero essere alla portata di tutti.

Chiaramente, quando si parla di reddito passivo, c'è ancora chi non crede sia una cosa fattibile, o meglio, che sia fattibile solo in determinati casi. In un certo senso è vero.

Il reddito passivo non si genera automaticamente, serve del lavoro prima, durante e dopo, quindi in un certo senso usiamo il termine "passivo" in modo non molto appropriato alla situazione, ma di fatto è così, generare reddito passivo è possibile.

6.1 Quale strada seguire?

Probabilmente, all'inizio, difficilmente ogni metodo porterà un guadagno mensile di 1000€. Ma sfruttando un mix delle seguenti strategie, solo una, una parte, o tutte, potremmo raggiungere questo primo traguardo. Poi potremmo fissare traguardi più alti man mano che affiniamo le nostre strategie e non solo, man mano che avremo trovato le strategie più compatibili con il nostro progetto di business.

Faccio presente che sebbene tecnicamente non sia necessario un blog per far funzionare le tecniche che descriverò, non c'è dubbio che è abbastanza comune utilizzarne uno come strumento di generazione del traffico, perché chiaramente dobbiamo avere del traffico per far funzionare questi metodi e il blog è lo strumento migliore per generarlo.

Dopo questa doverosa premessa, iniziamo a capire come racimolare i nostri 1000€ al mese.

Possiamo raggruppare i percorsi di guadagno in diversi tipi di reddito che possiamo generare con il nostro blog. Alcuni metodi sono passivi, altri meno, altri non lo sono affatto.

6.2 Vendita di servizi

Non è un metodo passivo. Ma perché è nella lista? Perché possiamo rendere passivo il processo che ci porta a vendere il servizio. Mi spiego meglio. Se il nostro blog genera traffico, la gente ci segue ecc., stiamo iniziando a proporci come esperti della nostra nicchia di riferimento. Di conseguenza, dare la possibilità agli utenti del nostro blog, di contattarci per proporci un lavoro da seguire, diventa una strategia molto proficua.

Diamo la precedenza ai nostri contenuti, a ciò che offriamo, ma diamo anche la nostra disponibilità per eseguire nuovi progetti.

6.3 Affiliate marketing

Lo so, lo so, ne abbiamo già parlato e anche prima ne avevate già sentito parlare. Quindi forse dovreste iniziare a pensare che sia un metodo consolidato per guadagnare online. Se non lo state ancora pensando, dovreste iniziare a farlo, perché è così.

L'idea di fondo è la seguente:

Sostanzialmente c'è da una parte l'azienda che vuole promuovere un prodotto, un servizio ecc., e permette ai suoi affiliati di promuovere questo prodotto, servizio, ecc., tramite dei link di affiliazione.

Sono molte le aziende che oggi offrono programmi di affiliazione, in diversi ambiti. Sta a noi affiliarci a quelli più adatti a noi e al nostro sito/blog. Sfruttando questa strategia, potremmo scrivere articoli sul nostro blog che parlano del servizio che offre l'azienda alla quale ci siamo affiliati, a quel punto non è difficile che i nostri visitatori si convertano in utenti di quel determinato servizio di cui stiamo parlando. Di conseguenza noi avremo completato il nostro "lavoro" e saremo ripagati.

6.4 Adsense e simili

Allora, con Adsense e programmi simili, guadagnare molto, almeno inizialmente (e in molti casi anche dopo) non è facile. Però, se il nostro sito web è abbastanza visitato, fare 200/300 euro al mese non è poi così difficile e nell'ottica del nostro scopo (raggiungere 1000€ al mese in reddito passivo sfruttando un mix di strategie) anche questi 200/300 euro vanno più che bene per avvicinarci sempre più al nostro traguardo iniziale di 1000 euro.

Insomma, stiamo vedendo, che guadagnando un poco con una strategia, un poco con un'altra, l'obiettivo dei 1000€ al mese in reddito passivo è sempre più vicino al raggiungimento.

6.5 Infoprodotti

Iniziamo spiegando cosa sono questi infoprodotti. Potremmo riassumere dicendo che sono competenze in vendita. Mi spiego meglio. Avete mai visto quei blog in cui viene proposto l'acquisto di un eBook, un manuale, una guida, per approfondire un determinato argomento? Ecco, quel prodotto in vendita è un infoprodotto.

Nella maggior parte dei casi, si parla di formazione, ma non è scontato che sia così. Alla base di tutto, c'è il fatto che va creata una struttura di vendita. Non mi riferisco necessariamente a un e-commerce, in molti vendono direttamente dal proprio blog. Quindi ipotizziamo di avere il nostro blog. Pubblichiamo costantemente articoli su un determinato argomento, la gente ci segue, inizia a capire che sappiamo di cosa parliamo, ecco, quello è il momento in cui un infoprodotto può farci guadagnare.

Immaginiamo di inserire le nostre competenze in un eBook, chi ci vieta di venderlo e proporlo nel nostro blog? Nessuno. Il pubblico lo abbiamo, le persone ci seguono, spenderanno qualche euro per approfondire se abbiamo fatto un buon lavoro fino a quel momento. Certo, diventare ricchi con questo metodo non è semplicissimo, bisogna avere delle persone che ci seguono o comunque saper promuovere la nostra pagina per vendere il nostro eBook. Ma seguendo lo spirito di questo capitolo, gli infoprodotti accedono senza problemi nella nostra guida e il motivo è semplice. Qui non stiamo parlando di grandi numeri. Tutti i metodi elencati possono singolarmente farci guadagnare moltissimo, ma nella maggior parte dei casi, la maggioranza delle persone non diventa ricca online. Eh sì, l'ho detto. Però il capitolo non si intitola "Diventare ricchi con il blog", ma "Guadagnare 1000€ al mese in reddito passivo con il blog".

Quindi perché non prendere un poco da ogni metodo per raggiungere questo obiettivo?

È chiaro che approfondendo ognuno di questi punti si potrebbe guadagnare di più, ma non è quello che riescono a fare la maggior parte delle persone. Le "persone comuni" quelle a cui mi rivolgo, con la giusta guida riusciranno a racimolare qualcosa da ogni metodo e l'uso di diversi metodi combinati potrebbe dare i risultati sperati.

Questa guida non va bene per te se sei un professionista del marketing, ma se lo sei perché la stai leggendo? Non avrai problemi a fare 1000€ al mese in reddito passivo. Se non ci riesci, forse, non sei poi così "professionista".

6.6 Vendita di applicazioni

Hai fatto un giro in rete? No dico, ora chiunque può realizzare un'applicazione sfruttando metodi presenti online (i migliori probabilmente sono a pagamento ma si può fare anche gratis). So che chi studia programmazione da una vita non riesce proprio a digerire questa cosa, ma avviene in tutti i campi. Nel mondo dei siti web è successo anni fa con l'arrivo dei

CMS, ora anche un ragazzino riesce a creare un sito web sfruttando WordPress o Joomla per esempio.

La creazione dei siti web prima era esclusiva dei programmatori web, ma dobbiamo rassegnarci. Ovunque ci sia un margine di crescita, ci saranno sempre gruppi di persone che investono tempo e denaro per creare strumenti utili a facilitare la vita a chi opera in quel campo e questo è un bene. Anche perché non dobbiamo mai temere la competizione, dobbiamo sempre essere sicuri del fatto nostro.

Io ho studiato una vita per fare quello che faccio e ancora studio. Ora so che ci sono strumenti che permettono di fare con due click quello che prima facevo in settimane, ma ben venga anche questo, in quanto a mio parere, "l'impronta" di chi ha studiato molto qualcosa si nota sempre nei progetti che realizza.

Quindi dopo questa parentesi torniamo alle applicazioni. Forse sono il settore più in crescita negli ultimi anni. Anche se ci sono metodi per creare da zero la propria applicazione, se si vuole fare sul serio sarebbe utile affidarsi a un professionista. Certo dobbiamo spendere dei soldi, ma se abbiamo una buona idea e troviamo qualcuno capace di renderla reale trasformandola in un'applicazione, possiamo davvero guadagnare molto vendendola e questo non può non essere considerato guadagno passivo.

Molte applicazioni pubblicate ormai da anni fanno ancora guadagnare moltissimo ai creatori.

In questo capitolo stiamo cercando di capire come fare 1000€ al mese in reddito passivo e probabilmente, in questo caso 1000€ saranno solo l'anticipo che dovremo dare al programmatore, ma è certo che se offriamo un buon prodotto rientreremo presto delle spese fatte, anche poco per volta all'inizio, ma hey, dobbiamo fare 1000€ al mese, non dobbiamo diventare ricchi subito.

6.7 Drop shipping

Si tratta di impostare un negozio online, ma invece di vendere i propri prodotti, si vendono prodotti di altre società, si invia l'ordine a loro che quindi consegnano il prodotto al cliente a nostro nome, come se l'avessimo spedito noi.

Quindi emergono subito dei grossi vantaggi. Primo fra tutti è che non ci dobbiamo preoccupare di gestire la merce e di inviarla. Ci dobbiamo preoccupare solo di promuovere il nostro sito web per far acquistare la gente.

Un altro vantaggio è quello di avere da subito un enorme numero di articoli da vendere e questa non è una cosa da sottovalutare, in quanto avere molto da offrire è certamente un vantaggio quando si deve vendere online.

Certamente il lavoro di promozione da fare c'è, prima di tutto per far trovare alle persone il nostro negozio online, poi anche per convincerle ad acquistare qualcosa. Ma non c'è dubbio che lo spirito in sé del drop shipping è certamente quello di facilitarci le cose e farci guadagnare passivamente.

6.8 Vendita di corsi

Eh sì, prepara un corso su un argomento che conosci, lo preparerai una volta sola ma dovrai farlo bene ovviamente. Successivamente promuovilo e inizia a guadagnare nei tempi che verranno.

Adesso molti penseranno che non hanno niente da offrire, niente da insegnare ma non è così. Tutti hanno delle competenze in specifici settori e basta trasferire quelle competenze in un corso e iniziare a promuoverlo.

6.9 Conclusioni

Abbiamo visto come possiamo guadagnare con il nostro blog, ma cosa ancora più importante abbiamo visto come riuscire a prendere (almeno inizialmente) un pochino da ogni strategia in modo da raggiungere il nostro obiettivo iniziale di 1000€ al mese. Alcune strategie non sono compatibili tra loro, questo è vero, ma c'è spazio per accoppiate vincenti. Non ho approfondito più di tanto ogni strategia volutamente, in quanto lo scopo attuale era quello di riuscire a far presente che si possono generare 1000€ al mese con il blog, anche se non si è proprio degli esperti del settore. Sia chiaro che non sto dicendo che sia facilissimo, sto dicendo che non è impensabile che una persona senza competenze specifiche sui blog, riesca a fare 1000€ al mese.

7

Ottimizzare Adsense, ecco i 7 consigli di Google

Introduzione al capitolo

Se anche tu usi Adsense, probabilmente vorrai sapere se ci sono modi per ottimizzarlo e Google ci viene in aiuto con sette consigli inviati via email, uno al giorno, che ci aiuteranno a ottenere il meglio da questo servizio.

Sia chiaro, Google non dice niente di relativamente nuovo, ma sono consigli che spesso vengono sottovalutati, o non sono seguiti con attenzione, spesso saltando passaggi cercando di velocizzare i tempi.

Quindi partiamo dalle basi di Adsense approfondendo questi sette consigli che Google stesso ci dà.

7.1 Avere contenuti di qualità

Su questo primo punto mi permetto di non riportare quanto dice Adsense, ma di partire dal concetto del loro primo consiglio e proporlo nel modo più semplice possibile.

Dal secondo punto in poi mi limiterò a commentare i già buoni consigli di Adsense.

Quindi, torniamo a noi.

Il primo consiglio di Adsense riguarda i contenuti. Niente che non si sapeva già, ma è sempre importante ribadire questo concetto, perché non a tutti entra in testa che questo è forse l'aspetto più importante per guadagnare con Adsense e più in generale per portare traffico al proprio sito web.

Molti pensano che basti avere un sito pieno di annunci per guadagnare. Ma se quel sito non lo vede nessuno?! Chi cliccherà sul banner?! O se anche si riesce ad ottenere un po' di traffico, ma la gente esce velocemente dal sito web perché i contenuti non sono all'altezza?! Anche in questo caso chi cliccherà sul banner?!

A parte il fatto che (quando si utilizzano gli annunci automatici che vedremo dopo) Adsense sfrutta i suoi algoritmi per proporre pubblicità mirata e se non ci sono contenuti, o sono troppo pochi, confusionari, magari copiati ecc., Adsense non riuscirà nemmeno a proporre pubblicità in linea con il tema della pagina e quindi le probabilità che il banner venga cliccato si riducono ancora, in quanto l'utente già non ha trovato quello che cercava nella pagina, quindi figuriamoci se cliccherà su un banner che non ha niente a che fare con quello che cercava.

Insomma, un contenuto di qualità, non solo porta traffico al sito web, ma porta buon traffico, traffico in linea con la nostra offerta soprattutto.

Con queste premesse anche l'algoritmo di Adsense riuscirà a far bene il suo lavoro, proponendo qualcosa che potrebbe essere davvero interessante per l'utente che magari, a quel punto, potrebbe anche decidere di cliccare sul banner.

Il mio consiglio:

Adsense è una buona opportunità di guadagno se ben sfruttata, ma nel progetto del sito web deve essere considerato come una tappa e cosa ancora più importante NON come la prima tappa. Prima c'è molto da fare come vedremo.

Il sito deve essere adeguato, ben strutturato, facilmente navigabile e non mi stancherò mai di dire che deve avere contenuti di qualità.

Adsense è un buon contorno, ma la portata principale dovete metterla voi prepararla adeguatamente e come si deve, altrimenti resta solo un buon contorno che però non accompagna il piatto principale in quanto non è all'altezza.

7.2 La configurazione dell'annuncio

I tuoi annunci, le tue entrate. Vediamo cosa dice Adsense a riguardo:

Crea la tua esperienza pubblicitaria.

In AdSense ci sono molti formati di annuncio tra cui scegliere, ognuno con i suoi vantaggi. Più annunci attivi, più aumenti le tue potenziali entrate.

Puoi iniziare a pubblicare annunci in due modi:

Inizia a utilizzare gli annunci automatici.

Gli annunci automatici sono disponibili in un'ampia gamma di formati che utilizzano il machine learning per prendere decisioni intelligenti riguardo al posizionamento degli annunci per conto tuo.

- Automatici

Risparmia tempo per concentrarti sulla creazione di contenuti eccezionali.

- Semplici

Controlla quali annunci pubblicare con un semplice clic su un pulsante.

- Convenienti

Scegli tra un mix di formati di annuncio ottimizzati e progettati per tutti i dispositivi.

- Devi solo attivarli.

Con gli annunci automatici, attiva tutti i tuoi formati di annuncio per massimizzare le potenziali entrate. Google si occuperà di mostrare ai tuoi utenti l'annuncio giusto al momento giusto.

Adsense poi, chiude con un consiglio:

Consiglio per migliorare: aggiungi annunci nativi personalizzati al tuo mix.

Gli annunci nativi sono una suite di formati di annuncio altamente personalizzabili che si adattano all'aspetto e al design del tuo sito.

Si posizionano nel percorso dell'utente per integrarsi perfettamente con i tuoi contenuti per una straordinaria esperienza utente.

7.3 I tuoi contenuti pubblicitari

Sei tu ad avere il controllo. Eh sì, questo è un altro aspetto fondamentale degli annunci. Scegliamo noi cosa pubblicare, cosa bloccare ecc. Anche in questo caso vediamo cosa dice Adsense:

Scegli gli annunci in base alle tue necessità.

La funzionalità Controlli per il blocco del tuo account ti consente di scegliere i tipi di annunci che possono essere pubblicati sulle tue pagine.

Aspetti da tenere presente: i blocchi riducono le opportunità di guadagno.

Ricorda che i visitatori del tuo sito visualizzeranno sempre gli annunci pertinenti alle loro preferenze. Se blocchi alcune categorie di annunci, un numero inferiore di inserzionisti potrà fare offerte per lo spazio pubblicitario sul tuo sito web. In altre parole, se consenti un maggior numero di categorie di annunci, aumenterai probabilmente le opportunità di guadagno.

Anche qui Adsense chiude con un consiglio:

Suggerimento per migliorare: ottieni il massimo dal Centro revisione annunci.

Puoi utilizzare il Centro revisione annunci per consentire e bloccare i singoli annunci apparsi sul tuo sito. Per ottimizzare le opportunità di guadagno, ti consigliamo di bloccare i singoli annunci e non intere categorie.

7.4 La tua esperienza utente

Pensa come il tuo pubblico. Questo punto è molto interessante e Adsense ci fornisce anche degli strumenti per migliorare questi aspetti. Vediamoli:

Che cosa fa tornare i visitatori sul tuo sito?

Ci sono tanti siti in rete e sta a te dare maggiore visibilità al tuo con un'eccellente esperienza utente. Non basta solo creare contenuti interessanti. Il rendimento degli annunci dipende anche da come gli utenti navigano nel sito.

Verifica la tua esperienza utente con Google.

Quanto è veloce il tuo sito?

I siti web che si caricano lentamente perdono visitatori e clic preziosi. Verifica il tuo sito con Google per ricevere un rapporto gratuito sulla velocità della tua pagina.

Esegui il test:

https://www.thinkwithgoogle.com/intl/en-gb/feature/testmysite

Il tuo sito è ottimizzato per i dispositivi mobili?

I visitatori accedono al tuo sito web da tutti i tipi di dispositivi. Verifica con quanta facilità un visitatore può utilizzare la tua pagina su un dispositivo mobile.

Esegui il test:

https://search.google.com/test/mobile-friendly

Stai impostando il saldo annunci giusto?

A nessuno piace un sito web pieno di annunci. Utilizza i controlli del saldo annunci per ridurre il numero di annunci con minor rendimento e concentrarti sulle opzioni più redditizie.

Esegui il test:

https://support.google.com/adsense/answer/7215246

Altri suggerimenti sul traffico.

Aumenta il traffico e migliora i risultati del tuo sito web con il toolkit per il traffico.

Inizia:

http://services.google.com/fh/files/blogs/adsense_traffic_tips.pdf

Molto interessante quindi, come il suggerimento finale:

Suggerimento per la crescita: mettiti nei panni dell'utente.

Il tuo obiettivo principale è quello di creare contenuti interessanti che attirano il pubblico. Tuttavia, è altrettanto importante pensare a come tali contenuti vengono visualizzati sulle tue pagine. Chiediti:

Perché i visitatori accedono al tuo sito?

Il tuo sito fornisce una struttura chiara che li guida?

I tuoi utenti sanno sempre quale azione intraprendere?

Come convincere i visitatori casuali a diventare utenti fedeli?

7.5 Il tuo rendimento

Verifica i tuoi progressi, continua a crescere. Senza monitorare la situazione non si riuscirà ad ottenere molto. La parola ad Adsense:

Una buona conoscenza dei rapporti consente di personalizzare l'esperienza pubblicitaria e aumentare le potenziali entrate.

Conosci i dati che stai misurando.

Puoi misurare il rendimento degli annunci in base a entrate, numero di clic, numero di visualizzazioni di pagina e molto altro.

Misura il tuo impatto.

Scopri cosa influisce sulle tue entrate nel corso del tempo. Analizza meglio le tue entrate visualizzando i grafici, interpretando le tendenze e confrontando le metriche con facilità.

Conosci le tue metriche.

- Le visualizzazioni di pagina vengono conteggiate ogni volta che il visitatore di un sito visualizza una pagina che mostra annunci Google.

- Le impressioni vengono conteggiate ogni volta che un annuncio si carica e viene visualizzato dal visitatore di un sito.

- I click vengono conteggiati ogni volta che il visitatore di un sito fa spontaneamente clic su un annuncio.

- Il CPC è il prezzo che gli inserzionisti pagano ogni volta che un visitatore fa spontaneamente clic su un annuncio nel tuo sito.

Possiamo non chiudere anche questo punto con un consiglio? Certo che no, eccolo:

Suggerimento per la crescita: esegui esperimenti per migliorare il rendimento.

La scheda Ottimizzazione nell'account AdSense riunisce tutti i suggerimenti per migliorare il tuo rendimento.

Accedi a Opportunità per avere consigli personalizzati su come aumentare le entrate.

Accedi a Esperimenti per creare, eseguire e analizzare gli esperimenti A/B che ti aiutano a ottimizzare il sito.

7.6 Le tue responsabilità

Impara a conoscere le nostre norme. Eh sì, Adsense è un programma e come tutti i programmi ha delle regole.

Le norme di Google AdSense consentono di mantenere il nostro ecosistema un luogo sicuro per apprendere, creare e fare pubblicità. Dedica qualche minuto a impararle per evitare possibili future violazioni.

Nozioni di base

Che cosa fare:

- Pubblica contenuti esclusivi.

- Garantisci la loro idoneità per i minori e la loro legalità.

- Trova il giusto equilibrio tra annunci e contenuti.

Che cosa non fare:

- Non fare clic sui tuoi annunci o non chiedere ad altri di fare clic sui tuoi annunci.

- Non duplicare i contenuti o non creare layout ingannevoli.

- Non manomettere il codice AdSense.

Suggerimento finale, che è più un avvertimento in questo caso:

Suggerimento per la crescita: tieni presente le norme sulle deduzioni delle entrate.

Quando inizi a guadagnare, puoi essere soggetto a deduzioni per vari motivi, ad esempio a causa di pagamenti da inserzionisti o clic non validi.

7.7 Le tue entrate

Lavora e ricevi i pagamenti. Non c'è dubbio che chi usa Adsense lo fa per guadagnare, quindi questo punto è molto importante ed è anche quello conclusivo.

Una volta pubblicati gli annunci, ci sono alcune cose che devi fare prima di ricevere i pagamenti. I pagamenti AdSense vengono effettuati con cadenza mensile, a condizione che tu abbia raggiunto la soglia minima di pagamento.

1. Inizia a pubblicare gli annunci

2. Inserisci dati di pagamento corretti

3. Ricevi il PIN per posta

4. Specifica una forma di pagamento

5. Raggiungi la soglia di pagamento minima

6. Ricevi il pagamento il mese successivo

Non dimenticare quanto segue:

Fornisci i tuoi dati fiscali, se richiesto per la tua località.

Conferma il tuo nome, indirizzo e PIN in quanto beneficiario.

Seleziona la forma di pagamento se idonea.

Genera un fatturato sufficiente per raggiungere la soglia di pagamento minima.

Nessun consiglio su quest'ultimo punto in quanto è più una guida su come procedere.

Bene, abbiamo visto come sfruttare al meglio Adsense in sette punti. Come dicevo all'inizio del capitolo, so bene che questi punti non sono niente di realmente nuovo, ma non c'è dubbio che vengono sottovalutati da molte persone che provano a guadagnare qualcosa con Adsense. Come so che questi punti vengono sottovalutati da molti utenti? Semplice, perché se così non fosse, tutti guadagnerebbero bene con Adsense. Invece, c'è chi nonostante il traffico abbastanza alto guadagna pochissimo, chi non riesce nemmeno ad aderire al programma ecc. Se questi punti (scontati) vengono seguiti con attenzione, si può davvero fare bene.

8

Come fare soldi su internet: Qualche altro metodo da conoscere

Introduzione al capitolo

Il blog è chiaramente una promettente fonte di guadagno, con un potenziale di generazione di denaro sorprendente, ma allo stesso tempo poco compreso.

Infatti, non tutti capiscono che per creare un blog di successo, e per ricavarne dei profitti, bisogna avere la giusta mentalità aziendale.

Si deve trovare una propria nicchia di riferimento e offrire ciò che serve a quel pubblico per avere successo.

8.1 Sfrutta YouTube

Quante persone ormai guadagnano con YouTube? Non lo sai? Te lo dico io, tante!

Creare video di contenuti unici su YouTube, oppure promuovere prodotti affiliati o in nostro possesso (magari tramite un servizio di drop shipping) è un ottimo modo per ottenere entrate passive.

Dovrai "perdere" del tempo per realizzare il video, ma rimarrà sulla piattaforma a tempo indeterminato e i tuoi link di affiliazione saranno nella descrizione. Questo genera traffico, e il traffico porta spesso buoni risultati.

8.2 Vendi le tue foto

Le tue foto, le tue immagini, possono valere più di quanto pensi. Hai mai pensato che ci possa essere qualcuno che potrebbe trovare utile usarle in un suo progetto? Un blog, una campagna pubblicitaria, un sito web, ecc.

Ci sono diverse piattaforme che rivendono queste foto e pagano una buona commissione al proprietario dell'immagine, che saresti tu. Mi sembra un altro ottimo metodo per generare entrate su internet.

8.3 Vendi i tuoi video

Stesso discorso delle foto ma con i video. Potenzialmente si può guadagnare anche di più con i video in quanto spesso sono più cari delle immagini, ma il procedimento è lo stesso. Anche in questo caso ci sono siti web pronti a mettere in vendita i nostri video e a farci guadagnare da queste vendite.

8.4 Post sponsorizzati su Instagram

Se usi Instagram e ti chiedi come ottenere entrate passive, perché non iniziare a postare contenuti sulla piattaforma?

Instagram è così ampio che c'è spazio per qualsiasi cosa: Un profilo su viaggi, moda, bellezza, arredamento... di tutto insomma.

Troverai sicuramente un pubblico disposto a visualizzare quei contenuti. Puoi guadagnare sia condividendo i post sponsorizzati, che partecipando ai programmi di affiliazione. Attenzione però, rischierai di diventare un influencer!

8.5 Guadagna scrivendo per altri blog

Hai un tuo blog? Sai scrivere bene? Puoi iniziare a guadagnare scrivendo anche per altri, firmando gli articoli o scrivendoli come ghostwriter, dipende dal tipo di collaborazione che avvierai. Molte aziende pagano davvero bene per ogni articolo, per un libro, eBook ecc.

8.6 Offri la tua consulenza a pagamento

Se sei esperto in un determinato settore e gli utenti della tua nicchia di riferimento ti identificano come tale, potrai offrire senza alcun problema la tua consulenza a pagamento. Fai presente questa cosa sul tuo sito web o blog e renditi disponibile da subito.

Quindi, come avete visto ci sono diversi metodi per guadagnare online. Alcuni metodi sono più immediati di altri, altri più proficui ecc., ma si può certamente fare tutto. Ci sono anche altri metodi che in questo caso ho tralasciato volutamente, ma che dire?! Di certo i metodi citati bastano e avanzano per iniziare a fare delle prove per cominciare a individuare il metodo più redditizio per il nostro modello di business.

9

Come "catturare" clienti al volo con il proprio sito web

Introduzione al capitolo

Vi siete mai posti questa domanda?:

E se esistesse un modo per aumentare le possibilità di trasformare un visitatore del mio sito web in un cliente? Non sarebbe bello?

Io sì, me lo sono sempre chiesto, anche perché se riuscissimo a convertire ogni visitatore del sito web in un cliente, basterebbe avere una visita al giorno per essere felici e soddisfatti (anche meno di un visitatore al giorno veramente).

Ci sono diverse strategie che ho studiato nel tempo, qui ne elencherò alcune e sono tutte efficaci, anche se come sempre alcune sono più immediate di altre. Il mio consiglio comunque non è quello di partire dalle strategie più immediate, perché una base solida è molto importante per l'efficacia o meno della strategia.

In pratica se non abbiamo un buon sito, con buoni contenuti, la strategia più immediata non servirà più di tanto, ma nemmeno quella meno immediata probabilmente.

9.1 Chat di assistenza

Questo metodo è assolutamente uno dei miei preferiti, in quanto se è ben sfruttato, può anche aggirare alcune lacune del sito web (ovviamente lacune di cui non si sa niente fino a quel momento, se ci sono problemi noti vanno risolti subito).

Partiamo da un esempio. Ogni volta che entriamo in un negozio, cosa succede? Arriva qualcuno che ci chiede: "Se ha bisogno chieda pure"... Noi a quel punto o rispondiamo ringraziando e dicendo che stiamo dando un'occhiata, oppure diciamo: "Sì, cercavo questo..." E questo accade specialmente se è da un po' che cerchiamo questa determinata cosa anche in altri negozi.

E se fosse possibile far questo anche con il nostro sito web?

Mi spiego meglio. Dobbiamo considerare il nostro sito web come la nostra vetrina, il nostro negozio, ogni utente che arriva potrebbe essere un potenziale cliente e ora vedremo come la chat potrebbe aiutarci a "catturare" al volo il cliente.

Partiamo dal presupposto che il sito web deve essere strutturato bene, sia per un sacco di discorsi tecnici sui quali sorvoliamo, sia perché se un visitatore non trova ciò che cerca quasi subito, probabilmente uscirà dal sito web in questione e cercherà altrove. Dobbiamo ipotizzare che tutti i visitatori siano pigri e di conseguenza dobbiamo realizzare un sito web adatto al nostro visitatore, che in teoria corrisponde all'utente della nostra nicchia di riferimento.

Quindi come quando entriamo in un negozio qualcuno ci accoglie dicendo di chiedere pure se abbiamo bisogno di aiuto, possiamo farlo anche online con il nostro sito web. Se il cliente a qual punto chiede il nostro aiuto, noi possiamo guidarlo nella navigazione, nell'acquisto di un prodotto o un servizio, ecc. Per questo dicevo che questo metodo se è ben sfruttato può anche aggirare alcune lacune del sito web, perché tutti gli utenti sono diversi e magari alcuni riscontrano problemi che altri non riscontrano e con le nostre indicazioni li aiutiamo a risolvere e poi, se ci rendiamo conto che un numero considerevole di utenti ha sempre lo stesso problema, agiamo sul sito per migliorare quel determinato aspetto.

Io personalmente uso Zendesk, ex Zopim per chi lo ricorda con questo nome, ed è fantastico.

Se abbiamo sul nostro sito web una chat di assistenza attiva, vedremo ogni volta che qualcuno è sul nostro sito web, che pagina sta visualizzando, il suo percorso all'interno del sito web, da dove è collegato, con quale browser e con quale dispositivo. Tutte informazioni utili per migliorare il sito web qualora notassimo continui problemi di utenti tra le nostre pagine. Possiamo decidere noi se dare il benvenuto all'utente quando lo vediamo sul sito, o se rispondere solo se ci viene chiesto qualcosa. Cosa molto interessante è l'applicazione che possiamo installare sul nostro smartphone. Così possiamo dare assistenza ovunque, anche se non siamo di fronte al PC, basta avere una connessione attiva. Possiamo anche delegare altre persone all'assistenza. Insomma, un vero e proprio sistema di supporto online molto utile per acchiappare clienti al volo.

Guardare crescere il numero di visitatori del sito web è fantastico, però le visite da sole non equivalgono a un business di successo. Per fare soldi, devi convertire almeno alcuni di questi visitatori e trasformarli in clienti. I visitatori spesso adorano queste chat perché possono ottenere risposte alle loro domande quasi immediatamente, con il minimo sforzo. Chi gestisce il sito web invece le adora perché sono molto redditizie, principalmente perché consentono di intervenire prima che un cliente indeciso abbandoni l'acquisto di un nostro prodotto o servizio.

È anche vero che se scegliete di optare per la strategia di scrivere voi per primi, non è detto che il visitatore risponda, un po' come nell'esempio del negozio fatto prima, magari vuole solo dare un'occhiata.

9.2 Prove gratuite

Una prova gratuita di un servizio, può aiutare un cliente a scegliere noi rispetto a chi offre un servizio a scatola chiusa. Questo perché entra subito in contatto con quello che potrà avere se deciderà di acquistare il servizio. Attenzione però, queste prove gratuite non devono essere un modo per incastrare il cliente. Si deve sempre dare la possibilità al cliente di annullare tutto senza troppe complicazioni, in pratica la prova gratuita deve essere sempre gratuita e senza impegno.

Con la prova gratuita il cliente entra in contatto con qualcosa che potrebbe diventare sua e quindi stimoliamo il suo interesse, in più dimostriamo di essere sicuri del fatto nostro se siamo disposti a far provare gratuitamente un nostro servizio.

Immaginate ora di combinare il primo consiglio sulle chat di assistenza, al secondo consiglio delle prove gratuite. Su cento visitatori, quanti pensate di riuscire a convertire in clienti? Di certo molti di più di un sito che non fa niente per vendere.

9.3 Offerte a tempo

Se il tuo sito web ha molte visite perché non sfruttare la situazione per creare "pressione" sul nuovo visitatore. Come fare?

Un'offerta a tempo per un determinato servizio può essere l'ideale magari. Oppure un'offerta limitata ad un preciso numero di utenti, in pratica chi arriva prima può usufruirne, chi ci pensa troppo perde l'offerta.

Ovviamente queste offerte per fare veramente pressione devono essere veramente favorevoli. Nessuno si affretta per risparmiare pochissimo, né tanto meno prova un servizio che non conosce a caso per non perdere un'offerta che alla fine non è favorevole. Quindi le offerte vanno studiate bene.

9.4 Mostra i tuoi numeri

Se i tuoi numeri sono significativi perché non farne fonte di attrazione?

Attenzione però, nessuno ama gli sbruffoni, non inventarti statistiche false da usare come acchiappacitrulli, anche perché solitamente, un utente con un minimo di competenze, non ci mette molto a verificare se le statistiche sono reali o meno.

Però ti prego, non inserire un contatore visite in perfetto stile anni novanta. Non mi riferivo a quello, ma a numeri come i clienti soddisfatti, gli anni di attività ecc.

Oltre alle tue statistiche perché non mostrare anche i tuoi clienti? Non le loro foto ovviamente, i loro loghi. Dimostra che ci sono già aziende che si affidano a te.

Un'altra cosa che puoi inserire nel tuo sito web, sono le testimonianze di chi ti ha già scelto. Conoscere le esperienze che gli altri hanno avuto con te, potrebbe spingere qualche nuovo visitatore a sceglierti.

Anche in questo caso attenzione però, non pensare di migliorare la tua immagine con false testimonianze o commenti chiaramente falsi.

Si può ingannare al massimo qualche utente, ma la maggior parte delle persone che ragionano sulle cose non abboccheranno.

È importante capire che il visitatore non apre nessuna pagina per farsi prendere in giro e bisogna avere rispetto degli utenti e del tempo che decidono di dedicarci leggendo ciò che scriviamo.

9.5 Usa Exit intent popup

Questi popup prevedono l'intento di uscire del visitatore, comparendo quando un visitatore sta per chiudere una scheda del browser per esempio o altre azioni simili che lo farebbero uscire dal sito web.

Quindi possiamo sfruttarli per comunicare un messaggio che li inviti a svolgere qualche azione prima di uscire, come lasciare il proprio indirizzo email per esempio.

O possiamo fare presente una promozione in corso, così siamo certi che l'utente l'abbia vista.

9.6 Crea e sfrutta il tuo blog

Il blog è forse la migliore pubblicità che tu possa farti. Se viene curato, riempito di contenuti unici e interessanti, può davvero fare la differenza, specialmente in settori particolarmente competitivi.

Chi scrive nel blog, non può non avere conoscenze del settore che sta trattando, come farebbe senza conoscenze a scrivere articoli di qualità? Non potrebbe, Se i contenuti non sono buoni ovviamente non saranno una buona pubblicità, se lo sono invece sì, perché porteranno traffico al sito web e questo traffico può essere convertito almeno parzialmente in nuovi clienti.

Nel web marketing tutto si evolve rapidamente, tecniche che fino a qualche anno fa rendevano molto, magari oggi rendono poco o non rendono per niente. Ma in tutto questo periodo, i contenuti di qualità sono sempre stati una costante, nonostante tutte le evoluzioni del web. Perché questo?! Probabilmente perché difficilmente ci sarà mai un algoritmo di qualche browser che premierà contenuti scadenti. Quindi puntare sui contenuti di qualità è sempre la scelta migliore.

10

Il caso Google Plus: Chiuso ufficialmente. Un peccato?

Introduzione al capitolo

Non sono l'unico che è riuscito a sfruttare Google Plus nelle proprie strategie di marketing, quindi qualcosa di buono probabilmente c'era e almeno per quanto mi riguarda, era la strada "libera" che quelle pagine offrivano, abbastanza utenti per lavorare discretamente, e poca popolarità per esserci sovraffollamento.

Comunque, il mio consiglio non è quello di seguire la strada più semplice nel marketing, ma quello di seguire la strada più proficua. E se un canale di comunicazione non ci piace, ma rende, ben venga.

Quel canale che rende, ma non ci piace, non dobbiamo per forza usarlo anche per scopi non lavorativi, quindi il problema non si pone.

10.1 Un social particolare

Google Plus è sempre stato un social particolare, non ha mai avuto abbastanza utenti attivi da spingere la gente a usarlo, ma ne ha sempre avuti abbastanza da spingere Google a ritardare la chiusura cercando di mantenerlo in vita. Adesso però è arrivato alla sua fine, infatti, il 2 aprile è stato chiuso definitivamente.

Eppure questo è strano, Google non è certo famoso per i suoi fallimenti, certo, ha avuto problemi come tutti in alcuni casi, ma non è strano che non sia riuscita a imporre in modo marcato il suo social? Forse non hanno mai voluto puntare più di tanto su questo prodotto e hanno solo prolungato l'agonia di un social destinato a fallire. E adesso? Adesso è chiuso ufficialmente. È un peccato? Secondo me sì, anzi, per me sì, e adesso vi spiego perché.

10.2 "Anche" e non "Solo"

In un mondo in cui tutti i freelance puntavano sui social e soprattutto su Facebook, come luogo per trovare clienti e lo facevano come se non ci fosse un domani, io ho sempre valutato (anche) Google Plus (notare la parola "anche" che fa capire che non volevo dire "solo").

Perché perdere tempo su Google Plus? Probabilmente molti colleghi staranno pensando questo, un attimo solo che ve lo spiego. Avete notato con quali parole ho iniziato il paragrafo precedente? Riporto il mio stesso commento:

Google Plus è sempre stato un social particolare, non ha mai avuto abbastanza utenti attivi da spingere la gente a usarlo, ma ne ha sempre avuti abbastanza da spingere Google a ritardare la chiusura cercando di mantenerlo in vita.

Quindi, cosa emerge da questo? Che gli utenti attivi non sono tanti quanto quelli di Facebook, ma ci sono, o almeno c'erano. Di conseguenza per chi voleva vendere i propri servizi, c'era molta meno competizione, quindi più clienti per chi sapeva come sfruttare Google Plus per trovare clienti.

Molti ora penseranno che non era possibile trovare clienti su Google Plus, che era difficile ecc., ma questo perché semplicemente non sono mai riusciti a farlo puntando su tutto ciò che è di moda. Certo, il fatto che Google Plus è stato scartato da molti freelance a priori ha sempre giocato a mio favore e a favore di chi come me trovava strada libera su quelle pagine. Stavo pensando di scrivere un articolo su come trovare clienti su Google Plus tempo fa, poi ho dato precedenza ad altro senza rimuoverlo dalla scaletta e alla fine tutto si è tramutato in questo, in quanto le cose sono cambiate.

Quanto detto, non dimostra che va scelta la strada più semplice nel marketing, ma la più proficua. E poi Google Plus non doveva essere visto come l'unico canale di ricerca clienti, ma come uno dei tanti, come ho sempre fatto io.

Adesso vi lascio all'email che molti utenti come me tempo fa hanno ricevuto, l'email del team di Google+, in modo da verificare nel dettaglio cosa sarebbe successivamente accaduto, nonché le relative scadenze e consigli che lo stesso team offriva.

10.3 Una malinconica email

Ecco l'email:

Hai ricevuto questa email perché hai un account consumer Google+ personale o gestisci una pagina Google+.

A dicembre 2018 abbiamo annunciato la nostra decisione di chiudere la versione consumer di Google+ ad aprile 2019 a causa del suo scarso utilizzo e delle difficoltà relative al mantenimento di un prodotto in grado di soddisfare le aspettative dei consumatori. Vogliamo ringraziarti di aver fatto parte di Google+ e fornirti indicazioni su come procedere, incluse le istruzioni su come scaricare le tue foto e altri contenuti.

Il 2 aprile il tuo account Google+ e tutte le pagine Google+ che hai creato verranno chiusi e inizieremo a eliminare i contenuti degli account Google+ consumer. Anche le foto e i video di Google+ nel tuo archivio album e nelle tue pagine Google+ verranno eliminati. Puoi scaricare e salvare i tuoi contenuti, ma assicurati di farlo entro aprile. Tieni presente che le foto e i video di cui hai effettuato il backup in Google Foto non verranno eliminati.

Il processo di eliminazione dei contenuti dagli account Google+ consumer, dalle pagine Google+ e dall'archivio album richiederà alcuni mesi; nel frattempo, i contenuti potrebbero rimanere disponibili. Ad esempio, gli utenti potrebbero continuare a visualizzare parzialmente il proprio account Google+ tramite il log delle attività e alcuni contenuti della versione consumer di Google+ potrebbero rimanere visibili agli utenti di G Suite fino all'eliminazione della versione consumer di Google+.

Già dal 4 febbraio, non potrai più creare nuovi profili, pagine, community o eventi Google+.

Consulta l'elenco completo delle Domande frequenti per trovare informazioni più dettagliate e conoscere gli aggiornamenti relativi alla chiusura.

Se possiedi una community Google+ o ne gestisci la moderazione, puoi scaricare e salvare i dati della tua community Google+. A partire dai primi di marzo 2019 sarà possibile scaricare ulteriori dati, tra cui l'autore, il testo e le foto di tutti i post delle community pubbliche.

Se accedi a siti e app utilizzando il pulsante Accesso a Google+, tieni presente che questi pulsanti non funzioneranno più nel corso delle prossime settimane e in alcuni casi saranno sostituiti da un pulsante Accedi con Google. Potrai comunque accedere con il tuo Account Google ovunque vedrai pulsanti Accedi con Google.

Se hai utilizzato Google+ per lasciare commenti sul tuo sito o su altri siti, tieni presente che questa funzionalità verrà rimossa da Blogger entro il 4 febbraio e da altri siti entro il 7 marzo. Tutti i tuoi commenti Google+ verranno rimossi da tutti i siti a partire dal 2 aprile 2019.

Se sei cliente di G Suite, Google+ dovrebbe restare attivo per il tuo account G Suite. Contatta il tuo amministratore di G Suite per ulteriori informazioni. Presto ti offriremo nuove funzionalità e un look tutto nuovo.

Da tutti noi del team di Google+, un grazie di cuore per aver reso Google+ un luogo davvero speciale. Siamo grati agli artisti, agli utenti che hanno creato community e agli esperti che hanno fatto di Google+ la loro casa. Niente di tutto questo sarebbe stato possibile senza la vostra passione e il vostro impegno.

Google LLC 1600 Amphitheatre Parkway, Mountain View, CA 94043, USA

Ti abbiamo inviato questa email di servizio obbligatoria per informarti di alcune importanti modifiche che riguardano il tuo account, prodotto o pagina Google+.

Fine email.

Un messaggio abbastanza malinconico e si evince che a quanto pare, Google prossimamente punterà a migliorare l'esperienza degli utenti G Suite. Vedremo.

Comunque, tornando alla domanda che dà il titolo al capitolo, ho fatto presente i motivi per cui secondo me la chiusura di Google Plus sia un peccato, non c'è dubbio sul fatto che non tutti sono d'accordo con questo ma vabbè, internet non è mai stato un luogo che racchiude utenti che la pensano tutti alla stessa maniera. Io ho espresso il mio pensiero motivandolo, molti hanno criticato Google Plus senza motivare le critiche e basandosi sulle esperienze degli altri, senza provare in prima persona a creare qualcosa di costruttivo e una strategia di marketing seria che passasse anche da Google Plus.

Il marketing è un insieme di strategie che mirano a migliorare un business e se la strategia funziona, vale la pena insistere sul canale in cui ha funzionato, in quanto proficuo. Certo, non tutti i canali hanno lo stesso ritorno, si devono ottimizzare le risorse e impiegare il proprio tempo in ciò che rende di più, limando qua e là, ma prima di scartare un canale, va verificato a dovere e credo proprio che non tutti abbiano dato una vera possibilità a Google Plus.

Comunque, se avete usato anche voi Google Plus, per scopi lavorativi o meno, l'email riportata dovreste averla ricevuta anche voi. Vedremo come si evolverà la situazione e su cosa punterà prossimamente Google. Certo, per creare qualcosa di successo, la parola "magica" è novità. Non potrà creare niente di troppo simile a qualcosa già vista e rivista (che ha anche stancato per certi aspetti). Per ora le novità promesse riguardano il fatto di migliorare l'esperienza degli utenti G Suite. Vedremo, Google probabilmente sa cosa fare, il punto fondamentale è capire se farà quello che dovrebbe fare. Si può vedere Google Plus come un grande test, una grande prova che ha fallito, ma si può migliorare se si realizza qualcosa di nuovo e di diverso. Per ora non pare esserci questa intenzione, se non per quanto riguarda le nuove funzionalità e il nuovo look degli account G Suite.

11

Mondo Freelance

Introduzione al capitolo

Il settore dei siti web, del web marketing e tutto ciò che li circonda, da anni è in forte espansione. Quindi per web designer, web master, web marketer, programmatori, ecc., questo può essere un enorme vantaggio, specialmente se si tratta di freelance (i liberi professionisti insomma). Il settore del web dovrebbe crescere ancora notevolmente nei prossimi anni, quindi vedremo ovunque sempre più sviluppatori, che per forza di cose saranno in competizione tra loro.

Un'altra cosa che vedremo sempre più con maggiore frequenza, sono i falsi sviluppatori. Cioè tutti quelli che pensano che basti installare un CMS per essere definiti professionisti. Ma non possiamo farci niente, più un settore è in crescita, più persone si improvvisano professionisti di quel settore. Questo perché purtroppo oggi tutto è visto come una moda e probabilmente anche futuro sarà così.

Se hai iniziato a leggere questo testo e stai continuando farlo, probabilmente vuol dire che anche tu vuoi iniziare a guadagnare online e forse vorresti anche diventare un freelance, quindi con queste mie prime righe penserai che ti stia criticando se anche tu vuoi diventare un freelance in questo settore perché hai fiutato un'opportunità nel web, ma non è così.

Non c'è assolutamente niente di male nell'investire il proprio tempo cercando di riuscire ad affermarsi in un settore in forte crescita, anzi tutt'altro. Ciò che critico io, sono le persone che si improvvisano professionisti, non quelle che cercano un modo per diventarlo davvero. Se sei tra queste persone che vogliono migliorarsi veramente, ben venga la competizione.

Dopo questa doverosa premessa, continuiamo.

Le aziende hanno già la possibilità di assumere uno sviluppatore web freelance in altre parti del mondo che farà il lavoro a un prezzo molto più basso, di quanto possa farlo tu, quindi, cosa puoi fare per farti scegliere al di là dei tuoi prezzi più alti del ragazzino che vive oltreoceano?! Non è una frase razzista, per qualcuno anch'io sono un tizio oltreoceano, dipende da dove si trova questo qualcuno, era solo per evidenziare la distanza e le potenzialità del web.

Ma senza divagare, un primo passo che puoi compiere è creare il tuo brand personale. Il tuo marchio, la tua firma, chiamala come vuoi, ma realizza qualcosa che ti identifichi, che ti differenzia dalla massa. Anni fa io creai il mio marchio, la Penny press web, che ora mi identifica più del mio nome in questo settore.

Stiamo parlando di distinguersi dalla folla, di cercare la propria nicchia di mercato (consiglio estremamente importante, emerso anche in altri punti del testo) e di proporsi come esperti di un determinato settore. Fonda il tuo marchio all'interno di quel settore e dimostra di saperne di più di un concorrente generico.

Quando potrai dimostrare di essere un esperto del settore, alle aziende non dispiacerà pagare un prezzo premium per lavorare con te anziché con uno dei tuoi concorrenti più economici.

Sarai l'unico con il megafono all'interno della folla che grida a squarciagola. Riuscirai ad emergere senza troppi sforzi insomma. Chi non assumerebbe quel tipo che ha avuto l'intelligenza di portare un megafono per emergere con facilità dalla folla che grida inutilmente?! Io lo assumerei, sa il fatto suo.

Un altro aspetto importante a cui porterà tutto questo è una fiducia nei tuoi confronti che riuscirai ad ottenere. Questo perché sei tu il punto di riferimento di quel settore, quindi questo emergerà anche nelle ricerche dei potenziali clienti e quale persona è più qualificata di te se l'esperto sei tu?

Ora che capisci l'importanza del branding e come può trasformare drasticamente il tuo business freelance, approfondiamo la parte pratica, vediamo cosa fare insomma.

11.1 Il cliente ideale

Conoscere il tuo cliente ideale individuando la tua nicchia di mercato è essenziale perché ti aiuterà a predisporre il tuo marchio personale in prospettiva della tipologia di cliente in questione.

Come facciamo a conoscere il cliente ideale e a sapere di cosa ha bisogno?

Per capirlo, individuata la nicchia di mercato, potremmo immedesimarci in questo possibile cliente.

Fatto questo, poniamoci le seguenti domande:

- Qual è il mio problema più grande?

- Quali sono gli ostacoli più difficili da superare per emergere?

- Quali sono i miei obiettivi?

Se da professionisti diamo delle risposte a queste domande, sapremo come preparare l'offerta migliore per il cliente che vogliamo raggiungere.

Per questo è importante individuare la nicchia di mercato, perché altrimenti non sarebbe possibile concentrarci su una specifica tipologia di cliente. Questo perché sarebbe tutto troppo generico e non potremmo nemmeno rispondere a queste domande se non sappiamo in che settore opera il nostro cliente. Ovviamente non possiamo creare una proposta unica che vada bene in tutti i settori, quindi porsi queste domande diventa fondamentale.

11.2 Il pacchetto di vendita

Adesso che abbiamo individuato il nostro cliente, che ci siamo immedesimati in lui e abbiamo trovato delle risposte alle domande che questo nostro cliente ideale potrebbe porsi, sappiamo come preparare una soluzione il più possibile adatta alle sue esigenze. Di conseguenza saremo un passo avanti rispetto alla concorrenza.

Dobbiamo far presente al cliente:

- Quanto possono aumentare le sue vendite

- Quanti nuovi clienti potrebbe avere

- Quanto migliorerebbe la sua immagine

Un pacchetto studiato che rispetti le promesse fatte, potrebbe davvero migliorare l'esperienza del cliente e ci saranno molte possibilità che la nostra offerta sia accettata.

11.3 Brand personale

Tutto ciò che offri, la tua esperienza, ciò che puoi offrire, ecc., deve essere concentrato nella tua vetrina online. Il tuo sito web, come il tuo blog, deve proporti come esperto del tuo settore ed è importante convincere il potenziale cliente che sei un esperto e in che modo puoi fare la differenza nella sua attività.

Se vuoi creare anche un blog, sappi che hai avuto una buona idea, perché ti proponi come esperto del settore. Non avresti contenuti validi se non lo fossi.

Cerca nelle tue pagine di essere immediato seguendo la seguente logica nella struttura del tuo sito web:

La soluzione offerta - La tua nicchia di riferimento - Il valore che fornisci

Quindi: Cosa offri? A chi? Che ci guadagna il cliente?

Cerca di non essere come gli altri e cerca di fornire le tue soluzioni ai tuoi clienti, non quelle degli altri.

Distinguersi in questo mondo digitale è sempre molto importante e può davvero fare la differenza.

11.4 Portfolio

Ok, hai un sito web, un blog e tutto ciò che ti serve, perché non aggiungere anche il tuo portfolio? Certo, ti sei proposto come esperto, sai ciò che dici, sai scrivere bene, ma adesso è anche il momento di far vedere ciò che sai fare. È fondamentale avere un sito web/portfolio che mostri la tua esperienza.

Quindi, mostra ciò che hai fatto e fai capire ai clienti come puoi aiutarli. Può capitare agli inizi, di non avere lavori da mostrare ovviamente, o di avere poco materiale. In questo caso perché non dedicare un po' di tempo al giorno a lavorare su dei progetti dimostrativi?! In pratica realizza siti web di esempio da mostrare ai clienti. Non dovrai nemmeno spendere soldi in hosting e domini, potrai caricare questi esempi in varie sottocartelle del tuo sito web.

Ecco le cose da includere nel tuo sito web per trasformarlo in un buon portfolio:

- Un dominio riconoscibile, evita di crearlo troppo lungo e complesso, lo ricorderesti solo tu. Potrebbe essere utile, ma non indispensabile, usare il tuo nome nell'indirizzo.

- Un design professionale, non puoi predicare bene e razzolare male. Fa che il tuo sito web non sia solo bello da vedere, ma sia anche facile da navigare.

- Mostra il tuo lavoro precedente. I clienti vogliono vedere la prova del tuo lavoro precedente, quindi includili nel tuo sito web.

- Non essere troppo tecnico nelle descrizioni, cerca di trovare una via di mezzo, i clienti vogliono capire cosa sai fare nella pratica. Tutte le conoscenze tecniche e meglio riportarle in un curriculum che serve proprio a quello.

- Invita il potenziale cliente a contattarti, studia e piazza testi e moduli di contatto che spingano il cliente a provare a contattarti.

11.5 Soluzioni mirate

Non mandare a tutti la stessa identica offerta copiata e incollata a tutti i potenziali clienti. Non tutti i clienti hanno le stesse esigenze e magari la soluzione trovata per il primo cliente, non va molto bene per il secondo cliente. Perdi un po' di tempo a scrivere la tua offerta, tra l'altro non si tratta di tempo perso in quanto se farai una buona proposta, magari otterrai il lavoro.

È vero, hai creato il tuo pacchetto di vendita per la tua nicchia di riferimento, ma non significa che non possa esistere un potenziale cliente che ha bisogno di qualcosa di leggermente diverso. In più puoi essere contattato anche da potenziali clienti che non rientrano propriamente nella tua nicchia di riferimento e non vorrai di certo scartarli a priori. Quindi, impiega un po' di tempo a leggere con attenzione le richieste del cliente, in modo che la tua risposta sia una conseguenza esatta della richiesta fatta e non un testo generico inviato senza leggere attentamente ciò che chiede il cliente.

Ultimo consiglio bonus è il seguente:

- Non fare le cose a caso.

Impegnati in ciò che fai, metti passione e voglia di migliorare. Studia sempre nuove strategie e cerca di far tuoi questi consigli. Siamo tutti diversi e in più questo settore cambia così rapidamente che ci si deve riorganizzare costantemente per essere a passo con i tempi.

12

WordPress o Joomla? Quale CMS conviene usare?

Introduzione al capitolo

Molte persone usano WordPress, anzi moltissime, in quanto è il sistema per realizzare siti web più usato al mondo. Molte altre persone (ma molte meno rispetto a WordPress) usano Joomla. Chi usa WordPress se la prende a morte se sente dire a qualcuno che Joomla è migliore. Chi usa Joomla invece, non riesce proprio a capire perché WordPress sia così usato. Da anni quindi, nel panorama dei CMS è in corso questa antica battaglia tra persone che se la prendono come non mai, quando sentono qualcuno dire che l'altro CMS è migliore.

Ma perché se la prendono tanto questi web master?! Non l'ho mai capito. Sembra quasi che il CMS che difendono con tanta ferocia l'abbiano sviluppato loro. Perché non si riesce ad accettare che qualcuno possa preferire altro?!

Io sono tra queste persone aperte a tutte le idee in quanto ho le mie preferenze, ma non disprezzo tutto il resto, anzi, prima di arrivare ad avere delle preferenze, ho provato molti sistemi e per provato, non intendo che li ho solo installati e rimossi subito senza dare delle chance al CMS in questione, ma li ho testati a fondo per i miei progetti. Personalmente, ho voluto approfondire le mie conoscenze sui principali CMS disponibili, in modo da sapere sempre come muovermi quando mi viene consegnato un progetto che magari ha già iniziato qualcun altro e quindi è stato già utilizzato un sistema anziché un altro. Già, perché chi fa questo mestiere, sa che può capitare che un cliente che ha già un sito web, voglia fare delle modifiche senza cambiare sistema in quanto gli piace, aldilà del fatto che magari il web master precedente l'ha abbandonato o semplicemente non riesce a seguirlo nel modo in cui il cliente vorrebbe.

Che fare in questi casi? Diciamo al cliente che dobbiamo per forza cancellare tutto perché non ci piace il CMS usato dall'altro web master? Si potrebbe fare se il progetto è proprio agli inizi, ma non è sempre così. In questi casi, anziché rinunciare al nuovo lavoro, non sarebbe meglio accettarlo? Ovviamente bisogna avere le conoscenze per poterlo accettare comunque, nonostante il CMS usato non sia il nostro preferito.

Torniamo a noi. In questo capitolo analizzerò i due CMS e proverò a fornire un'idea dei pro e dei contro di ogni piattaforma.

12.1 Joomla vs WordPress, cosa dicono i numeri?

Sia WordPress sia Joomla sono sistemi di gestione dei contenuti open source che esistono da oltre dieci anni. WordPress nasce nel 2003, mentre Joomla nel 2005, in pratica da quando realizzare siti web non era ancora una moda (come purtroppo lo è per molti).

Stando ai dati di fine 2018, WordPress è un CMS che alimenta oltre il 32% di tutti i siti web su internet, mentre Joomla, pur essendo al secondo posto, viene usato su circa il 3% di tutti i siti web su internet. Fino al 2010, la situazione era molto più equilibrata, ma negli ultimi anni WordPress ha preso letteralmente il volo.

Vediamo quali sono i vantaggi di WordPress e Joomla.

WordPress:

- Facilità d'uso. WordPress è considerato il sistema di gestione dei contenuti più semplice da utilizzare, specialmente per chi non è uno sviluppatore.

- È più adatto per i blog. Questo non significa che con Joomla non si possa realizzare un blog. Significa solo che per realizzare un blog, WordPress è più immediato.

- Estensibilità. WordPress ha di gran lunga la più grande raccolta di plugin e temi, che aiutano a estendere il sito web inserendo funzioni che nativamente non sono presenti.

- Comunità di supporto. Semplicemente, essendoci più persone che lo utilizzano è più semplice trovare blog o gruppi di supporto per questo CMS.

Joomla:

- Gestione utenti avanzata. Il controllo degli utenti su Joomla è più completo rispetto a WordPress, che già di per sé è buono, ma su Joomla, già nativamente queste opzioni offrono un controllo pressoché totale.

- Flessibilità per i contenuti non standard. In pratica si parla di tutti quei tipi di incorporazioni e della loro gestione grazie all'utilizzo di componenti e moduli.

- Supporto al multilingua. Joomla offre il supporto al multilingua nativamente.

- Template multipli. Joomla consente di utilizzare modelli diversi per diversi contenuti, o per diverse pagine del menu.

Queste in generali sono le caratteristiche principali dei due sistemi.

C'è ne sono molte altre, ma su queste insistono particolarmente tutti quei web master e sviluppatori che lottano per difendere il loro CMS preferito.

12.2 Facilità di utilizzo

Joomla è più difficile da usare rispetto a WordPress. Questo è uno dei motivi che spinge più persone a optare per WordPress, il che è giusto per gli utenti "non sviluppatori", ma chi ci lavora con la creazione dei siti internet, a mio parere, dovrebbe saper mettere le mani ovunque come ho già detto.

Molti addetti ai lavori adesso penseranno:

"Ma io uso WordPress perché è più semplice poi formare il cliente sull'utilizzo del sito web, non perché è più semplice da usare per me."

A tutti gli sviluppatori che pensano questo perché è davvero quella la motivazione, dico che è vero, infatti è più semplice spiegare come usare WordPress a chi non conosce i CMS. O almeno è più semplice farlo capire rispetto a Joomla.

Invece a tutti gli sviluppatori che pensano questo, solo perché si sono autoconvinti che sia quello il motivo, dico:

"Saresti in grado di usare Joomla al di là del cliente e di cosa sia più semplice usare per lui?"

Ribadisco il mio concetto. Secondo me il vero professionista deve saper mettere le mani ovunque. Altrimenti è come se esistesse un meccanico che ripara solo ed esclusivamente Fiat Panda. Come può considerarsi un vero meccanico se non sa mettere le mani su un'altra macchina?!

Usando WordPress, anche senza essere esperti, in mezza giornata si può mettere online qualcosa di accettabile, magari usando anche qualche tema gratuito. Se poi consideriamo che WordPress è preinstallato su molti host, o è facilmente installabile tramite auto installer fornito dagli stessi host, il tempo si riduce ancora.

Il discorso della preinstallazione e degli auto installer è valido anche per Joomla, ma per mettere online qualcosa di accettabile ci vuole più di mezza giornata se non si sa usare il CMS.

Per quanto riguarda l'editor, quello di WordPress e quello di Joomla sono abbastanza simili, anche se io personalmente non utilizzo l'editor preinstallato su WordPress, né quello preinstallato su Joomla. Chi fa siti web, sa che spesso c'è bisogno di più funzioni che non sono presenti nativamente in questi due editor e anche chi si avvicina a questi CMS per la prima volta, presto potrebbe sentire l'esigenza di avere più funzioni.

Poi, parlando dei componenti aggiuntivi, sia WordPress sia Joomla offrono sia gratuitamente che a pagamento, temi/template, moduli, plugin ed estensioni che aumentano le funzioni del sito web. WordPress da questo punto di vista offre più scelta, anche per via della comunità più ampia, ma anche Joomla offre molto in questi termini.

Per quanto concerne la sicurezza invece, di base, WordPress e Joomla sono sicuri. Inoltre, ogni piattaforma presenta anche plugin o estensioni di terze parti per aggiungere ulteriore sicurezza, nonché semplici sistemi di aggiornamento tramite il pannello di amministrazione.

È consigliabile fare sempre gli aggiornamenti per evitare di avere problemi, in quanto molto spesso gli aggiornamenti, specialmente quelli del CMS, servono anche a risolvere delle falle di sicurezza che magari vengono scoperte. Infatti, la maggior parte degli attacchi, vengono fatti in siti web non aggiornati.

12.3 Qual è migliore?

Non esiste un migliore tra i due, ma esiste quello più adatto alle proprie esigenze. WordPress va bene nella maggior parte dei casi anche senza l'aggiunta di troppe soluzioni esterne, per questo probabilmente è più utilizzato, perché è più immediato, sia nell'utilizzo, sia nelle funzioni. Joomla invece, se si è in grado di usarlo, fornisce risultati davvero molto buoni e alle spalle ha un meccanismo, che una volta compreso non è poi così complesso.

In questo capitolo ho provato a descrivere in modo imparziale questi due CMS, pur avendo delle preferenze ovviamente.

Probabilmente chi si avvicina per la prima volta ai CMS, facendo delle ricerche, troverà in gran parte articoli di persone che spingono più per un CMS piuttosto che per l'altro, in quanto è difficile essere imparziali quando si parla di strumenti, che chi è del mestiere usa giornalmente e per forza di cose si finisce ovviamente per avere delle preferenze.

Di conseguenza, molto probabilmente si opterà per WordPress, ma non perché è migliore di Joomla, ma perché queste ricerche faranno emergere il fatto che è più utilizzato, che c'è una comunità più grande ecc., di conseguenza chi si avvicina a questo mondo penserà che sia la scelta più ovvia WordPress, ma WordPress non è migliore di Joomla, né Joomla è migliore di WordPress. Sono diversi, ma con entrambi si possono realizzare buoni siti web.

12.4 Il mio consiglio

Se non sei un professionista e non vuoi diventarlo, usa WordPress, ripeto, non perché sia migliore, ma perché obiettivamente è più facile da utilizzare.

Se invece vuoi iniziare a creare siti web per lavoro, impara a utilizzare sia WordPress sia Joomla. Il web è pieno di persone che usano WordPress solo perché sono troppo pigre per imparare a usare Joomla e si autoconvincono che WordPress sia migliore senza aver mai installato e usato Joomla, ma basandosi sul sentito dire. Poi ovviamente, molti tra quelli che preferiscono WordPress hanno usato anche Joomla, l'hanno studiato a fondo e sono giunti alla conclusione che la loro preferenza è WordPress, ma ben venga in questo caso. Se le preferenze sono il frutto di ricerca, studi, test, approfondimenti ecc., ben venga chi preferisce WordPress e ben venga chi preferisce Joomla. Se invece le preferenze sono dettate dal niente, in quanto si pensa che l'altro CMS sia peggiore senza averlo nemmeno provato, si sbaglia a prescindere.

Come fare quindi a capire quale CMS può davvero diventare il nostro preferito?

Imparando a usarli (bene) entrambi.

Viva i CMS (tutti).

13

Quanto costa un sito web?

Introduzione al capitolo

Negli anni ho notato che la strategia migliore per chi realizza siti web è:

- Proporsi come esperti di qualcosa, non come venditori di siti web.

- Scrivere proposte diverse da cliente a cliente e non una proposta uguale per tutti.

- Parlare in modo chiaro anche per chi non ha dimestichezza con queste cose.

- Proporre varianti e consigli.

- Se si sa di poter offrire un ottimo servizio, farsi pagare per un ottimo servizio, anche se c'è sempre chi dice di fare le stesse cose a meno.

Lo so, ancora non ho detto quanto farsi pagare per un sito web... O forse l'ho detto?! Seppur non chiaramente. Se vi aspettate dei numeri, non li avrete. Se vi aspettate dei consigli, li avete già avuti e adesso ne darò altri.

Prima di proseguire però, ecco un elenco di frasi (che odio) che ho sentito dire molte volte dopo aver fatto un preventivo al cliente.

- "È troppo..."

Troppo rispetto a cosa? Al preventivo del web master improvvisato che dice che realizzerà tutto lui per una miseria? In tal caso si, probabilmente sto chiedendo troppo.

- "C'è un altro che mi fa tutto a 100€..."

È sempre il web master menzionato già prima? E comunque se hai già trovato il "professionista" che cercavi che vuoi da me? Perché mi contatti? Ti aspettavi un prezzo ancora più favorevole? 90€ magari.

Se sei nel campo da abbastanza tempo, le avranno dette anche a te queste due frasi e c'è ne sono molte altre, il punto è che il concetto è quasi sempre riconducibile a una di queste due affermazioni.

Ma continuiamo, qual è lo scopo di un sito web? Al di là del tipo di cliente per il quale è creato.

Avere un indirizzo da inserire nei biglietti da visita e nella firma dell'email? Non credo.

Lo scopo per quanto mi riguarda è aumentare la visibilità, il business, la notorietà ecc., del cliente per il quale è creato. Se un sito web non fa questo, a cosa serve?! A questo punto qualsiasi cifra richiesta al cliente è troppo alta a prescindere, perché se il sito web non fa questo, significa che non funziona.

Un professionista che sa realizzare veramente un buon sito web, non può non essere in un certo senso anche un esperto di marketing, nel senso che sa cosa cerca il mercato, quali sono le tendenze e sa cosa proporre al cliente ma cosa più importante sa come sfruttare il budget del cliente per fargli aumentare i suoi profitti. Per questo quando mi chiedono cosa faccio, non rispondo mai limitando tutto a: Realizzo siti web… Perché non è così, incremento il business dei miei clienti e gli offro tutti gli strumenti per promuoverlo nel migliore dei modi.

13.1 (Soluzioni) C'è chi le chiama "I PACCHETTI"

Spesso mi viene chiesto:

"Quanto costa un sito web?" oppure, (e capita ancora più spesso) "Quanto me lo fai?"

Qual è la risposta da dare in questi casi? O meglio, esiste la risposta corretta? Finché non si analizza il progetto, direi proprio di no. Certo, si possono offrire ai clienti soluzioni di partenza (c'è chi le chiama "I PACCHETTI"), sono d'accordo con questo, tutto ha un prezzo di partenza, esiste per tutto il classico "a partire da…" Il punto è che questo deve essere chiaro anche al cliente, ma soprattutto, il nostro compito è quello di farlo notare al cliente, non dare per scontato che lo sappia.

Svelo un segreto; "Il pacchetto completo a una cifra fissa bassissima, non è completo (ATTENZIONE: Non fate girare questo messaggio, non tutti vogliono che si sappia)."

Tra l'altro una cifra data a priori ancora prima di sapere cosa deve fare il cliente, come può ricoprire tutte le spese?! Ripeto che sono favorevole al "a partire da…" Purché sia chiaro anche al cliente che stiamo parlando di questo. Questi pacchetti completi, quando lo sono per davvero (nel senso che hanno in teoria tutto ciò che può servire a un potenziale cliente per andare online) includono tutto, ma sono cose un po' buttate lì, progetti che non hanno tanto senso di esistere, insomma, sono fatti tanto per fare qualcosa, perché magari viene fatto davvero "tutto" dal web master, ma viene fatto tutto male.

13.2 Cosa ti serve?

Chiedere alla web agency o al professionista quanto costa un sito web è un po' come chiamare un'impresa edile e chiedere: Quanto mi costa un'abitazione?

Che cosa potrà mai rispondere chi c'è dall'altro lato del telefono?

- Ti serve un appartamento da 50 metri quadrati? Da 250?

- Ti serve una villa? La vuoi anche con piscina e una segreta dove potrai rinchiudere comodamente chi vorrai?

- Ti serve un grattacielo? E se la risposta è sì, quanto lo vuoi alto?

Questo che sto trattando è un argomento molto ampio e controverso, in definitiva, anche se i colleghi non approveranno, l'obiettivo del capitolo è quello di far capire ai clienti, che non sanno molto sui prezzi dei siti web, quanto può essere vasto l'argomento e quindi fornire un punto di vista diverso da chi dice:

"Al di là del progetto, realizzo tutto io per una miseria per farti vedere che chi ti chiede di più ti sta truffando".

Beh, forse il web master di turno non dirà proprio così, ma il senso sarà sicuramente quello.

13.3 A chi mi rivolgo?

Io personalmente diffido di chi fa un po' di tutto, preferisco chi fa meno cose ma ad alti livelli, per cercare di essere sempre i migliori in ciò che si fa.

Partiamo da un concetto: Non sempre i clienti scelgono la soluzione più economica. Almeno è così per chi ragiona sulle cose, si fanno domande e capiscono che c'è qualcosa che non va quando gli viene richiesta una cifra troppo bassa. Quindi proponete sempre la cifra che vi sembra più giusta, motivandola. Tornando al discorso di scelta della propria nicchia di clienti, ipotizzando che la vostra scelta ricada sui ristoranti, se iniziate a proporvi come esperti di quel settore (non della ristorazione, ma della promozione online di quelle attività) la ricerca del professionista in quel campo spingerà il potenziale cliente a scegliere voi rispetto a chi fa un po' di tutto. Perché questo?:

Perché sarai un professionista nel promuovere quel settore.

Ovviamente il mio consiglio non è di scegliere una nicchia a caso in base alla richiesta di mercato del momento, non avrebbe senso. Il mio consiglio è capire dove siete veramente forti e puntare su quello. Se siete veramente esperti in un settore, otterrete diversi vantaggi:

- Avrete più probabilità di essere scelti da chi deve promuovere la sua attività in quella nicchia di mercato perché sarete visti come professionisti di quella nicchia di mercato.

- Se hai scelto la nicchia di mercato dove sei veramente più preparato, sarai più veloce a svolgere tutti i progetti.

- Puoi fare un prezzo più alto rispetto alla concorrenza perché sei tu l'esperto di quel settore, non gli altri.

Adesso penserai: Ma se scelgo una nicchia di mercato e punto su quella, perderò molte altre opportunità di svolgere progetti inerenti ad altri settori.

No. Ovviamente non dovrai rifiutare le commesse su altre tipologie di siti web, sicuramente avrai meno richieste da parte di altri settori ma questo è un male? Non necessariamente. Essere un punto di riferimento di un determinato settore, può portare ad avere molte più richieste di quanto ne riceveremmo proponendoci come esperti di tutti i settori.

13.4 E chi vuole pagare meno?!

Uno sconto ci può anche stare, in tutte le trattative c'è spazio anche per questo. Però un conto è ritoccare leggermente il prezzo in modo da far felice il cliente e prendere in mano un progetto, un altro conto invece è svendere il proprio lavoro.

Capisco che specialmente quando si inizia, è dura rinunciare a un lavoro, di conseguenza si pensa di sbagliare se non si accetta la controfferta del cliente. C'è un punto chiave in tutto questo:

Ci sono diverse tipologie di clienti, tra queste emergono le seguenti due:

- Il cliente che vuole un sito solo perché sa che ce l'hanno tutti.

- Il cliente che vuole un sito perché sa che se investe su quello può aumentare i suoi profitti.

La prima categoria di cliente citata è quella che vuole il prezzo stracciato, quella che insiste sul prezzo perché l'obiettivo da raggiungere è solo avere un sito web, non importa che non lo vedrà mai nessuno, che non gli porterà mai alcun cliente ecc., dategli un sito web e lui sarà felice.

La seconda categoria è quella alla quale si deve puntare. Questi clienti capiscono che il sito web è un investimento e addirittura scartano il professionista che chiede troppo poco per la realizzazione.

Detto questo, se si è pieni di clienti della prima categoria, o di richieste di potenziali clienti appartenenti a questa categoria, probabilmente ci si sta ponendo male, perché non si è visti come professionisti.

La seconda tipologia di clienti cerca professionisti seri, esperti veri che possano aiutarli veramente, quindi, scartare qualche cliente della prima categoria, per puntare a quelli della seconda categoria, non sembra più così sbagliato, vero?

13.5 Caro cliente...

Ora una riflessione che propongo al cliente che spinge per il prezzo stracciato è la seguente:

Caro cliente che spingi per avere il prezzo stracciato,

immagina di voler comprare un'auto. Il modello che vuoi costa 35.000€ e ha tutto quello che cerchi, lo sai perché l'hai vista in concessionaria, hai fatto un preventivo e hai visto anche quel modello girare nella tua città con a bordo persone che ti sembravano sinceramente felici.

Ora sei deluso, perché tu volevi spendere 5.000€, ma sei disposto anche ad aggiungere 50€ perché sei buono e giusto.

Cercando online trovi l'auto che vuoi al prezzo che vuoi. Fantastico! È anche nuova e ha tutto quello che cerchi. Che cosa fai? Corri ad acquistarla senza farti nemmeno due domande sul perché sia quello il prezzo? Oppure vai dal venditore che chiede 35.000€ e gli chiedi se può scendere a 5.000€ perché c'è "uno" che ti fa quel prezzo?

Secondo me, caro cliente che spingi per avere il prezzo stracciato, se queste sono le tue due opzioni, sbagli in entrambi i casi.

14

Trovare passivamente clienti e progetti da eseguire

Introduzione al capitolo

In tutto questo sistema di meccanismi passivi, non poteva mancare qualche metodo per rendere passivo anche il procedimento che ci porta ad avere nuovi clienti e progetti da eseguire. Sì, le rendite passive saranno una parte importante delle nostre entrate, ma non sempre è possibile affidarci solo a quelle.

Abbiamo detto, che per generare rendite passive, dobbiamo creare un base solida per far fruttare il nostro progetto. Questo comporta del lavoro, prima e durante il nostro processo di generazione di rendite passive.

Lo stesso vale per creare qualcosa che ci permetta di trovare passivamente nuovi clienti e progetti da eseguire.

Bene, il punto fondamentale anche qui è lavorare sodo per ottenere risultati, bisogna essere "attivi" seppur "passivamente".

14.1 Cercare clienti è un lavoro

La crisi economica, ha colpito quasi tutti i settori lavorativi, ma per quanto riguarda quelli legati al web, anche se probabilmente qualche collega non sarà d'accordo, questo è successo in forma minore. Perché questo? Probabilmente perché in tempo di crisi, le attività vedono (giustamente) nel web, l'unica strada di ripresa. Perché si possono raggiungere nuovi clienti, nuove opportunità non necessariamente limitate ai confini territoriali in cui si trova l'azienda in questione, e così via.

Per questo il mondo lavorativo legato al web, non subisce lo stesso impatto della crisi che subiscono gli altri settori. Cosa comporta questo? Principalmente un aumento di persone che vogliono iniziare a lavorare sul web, perché lo vedono come uno dei settori più tranquilli e facile da gestire. Il punto è che la situazione non è né tranquilla né facile da gestire, per questo si trovano online molti falsi professionisti, perché hanno come idea di base quella che online sia tutto semplice e facile da realizzare.

Questo comporta anche un secondo punto, che è quello dell'aumento della concorrenza. Allora, dei falsi professionisti, non dobbiamo preoccuparci, quindi la fetta più grande di persone l'abbiamo già eliminata. Già, perché in questo settore, la maggior parte della concorrenza consiste proprio in loro, quindi di fatto, non sono concorrenza.

Il punto è che in questo settore non investono le proprie energie solo i falsi professionisti, ma anche i veri e loro sì che sono la vera concorrenza.

Quindi, perché cercare clienti è un lavoro? Perché c'è e ci sarà sempre l'attività che ha bisogno di uno dei nostri servizi online, ma ci sarà sempre anche chi riuscirà ad offrire quel servizio prima di noi. A meno che, non riusciamo ad arrivare per primi al cliente.

14.2 Cerca ma non troppo

Allora, abbiamo capito che c'è molta concorrenza che punta a raggiungere il cliente prima di noi. Bene, dobbiamo trovare un modo per essere noi i primi a metterci in contatto con loro.

Ma come fare? Non possiamo di certo metterci a bussare a tutte le porte delle varie attività chiedendo se hanno bisogno del nostro aiuto. Potremmo anche farlo in teoria ma probabilmente sarebbe un inutile spreco di tempo e tra le altre cose saremmo limitati alle attività che abbiamo modo di raggiungere, trasformando la nostra attività da potenzialmente internazionale a locale.

Io personalmente non ho mai cercato lavoro in questo campo al di fuori del web. Certo mi è capitato, trovandomi a parlare con qualcuno che gestisce qualche attività, che venisse fuori il discorso lavorativo e a quel punto ovviamente ho fatto presente il fatto che opero nel web e che avrei potuto aiutarlo, e qualche cliente è venuto fuori anche così. Ma non sono mai uscito di casa con l'idea di andare a propormi alle varie attività bussando alle loro porte. Non perché credo sia sbagliato, ma perché penso che il web sia così potente che operare in questo modo sarebbe molto, ma molto meno proficuo che proporsi, come si deve, direttamente online. Raggiungeremo moltissime più persone, con risultati certamente migliori.

Oltre a tutto quello che possiamo fare per migliorare la nostra reputazione online e che abbiamo già visto nei capitoli precedenti, possiamo anche investire un po' del nostro tempo nello studio di molti siti web presenti in rete che mettono in contatto professionisti con possibili clienti e molti di questi siti non sono generici, ma specifici per professionisti che operano sul web. Basta pensare a twago.it, link2me.it, starbytes.it, bestcreativity.com, 99designs.it, crebs.it ecc. Questi sono solo alcuni dei siti web che permettono di fare quanto dicevo e ovviamente su alcuni, per ottenere risultati migliori sarebbe meglio optare per un piano a pagamento, ma di fatto ci si può proporre anche totalmente gratis.

14.3 Job alert

Qui arriviamo al punto della questione, quello legato al metodo passivo di ricerca di nuovi clienti e progetti da eseguire.

Se abbiamo seguito i diversi consigli dei capitoli precedenti, abbiamo di certo già creato una struttura che ci porta a generare reddito passivamente. Ma oltre al lavoro che dobbiamo fare per creare questa struttura, noi vogliamo anche lavorare ai progetti dei clienti, "sporcarci" le mani. Il reddito passivo spesso non basta a tutti, o perlomeno quel reddito passivo che riescono a generare la maggior parte degli utenti. Quindi veniamo al punto.

La maggior parte dei siti web creati con lo scopo di fare ciò che fanno quelli elencati prima, e anche altri, offrono dei sistemi di notifica. Grazie a queste notifiche, noi saremo sempre aggiornati quando c'è un nuovo progetto caricato sul sito web in questione e a quel punto non ci resterà che fare la nostra offerta, caricare la nostra proposta ecc. Dobbiamo curare i nostri profili e tenerli aggiornati per far sì che il cliente che lo visualizza riesca ad avere una panoramica completa su di noi.

È importante tenere in "ordine" il nostro profilo e non aspettare troppo a rispondere quando riceviamo la notifica. Questo perché non rispondiamo solo noi, quindi cerchiamo perlomeno di essere tra i primi e di avere un profilo adeguato per candidarci nel miglior modo possibile avvalorando la nostra candidatura.

Il bello è che questi sistemi, non sono limitati solo ai siti come quelli indicati. È vero che alcuni di questi siti non offrono affatto questi sistemi di notifica ma molti altri si, e non solo siti specifici del settore, ma anche siti di annunci generici come Kijiji, Subito, Indeed ecc.

Questi sistemi di notifica permettono di farci ricevere molte email al giorno di progetti in cerca di qualcuno che li segua, e noi dobbiamo solo rispondere, candidarci ecc. Certo il rapporto risposta/nuovo cliente non sarà di 10 su 10, ma di certo avremo molte più possibilità di chi non fa niente per organizzare il processo di acquisizione di nuovi progetti da eseguire.

Ovviamente le notifiche dei siti generici dovremmo filtrarle, altrimenti arriverà così tanto materiale inutile che ci farà rinunciare molto presto a seguire questa strada. Quindi dobbiamo inserire nel nostro account, le parole chiave che devono contenere gli annunci in questione, in modo da ricevere solo quelli che davvero possono esserci utili. Per esempio, scegliamo di ricevere una notifica, da ogni sito di annunci generico al quale siamo registrati, ogni volta che viene pubblicato un annuncio contenente la parola "web master". Tra tutti gli annunci che riceverete ogni giorno, davvero pensate che non c'è ne sia una buona parte alla quale potrete rispondere senza problemi? Molti annunci saranno da scartare, ma fa parte del meccanismo in questione.

Io ho trovato molti clienti su siti come Kijiji, Subito ecc., che sono siti di annunci generici. Ma per trovarli di certo non mi sono messo ogni mattina a cercare tra gli annunci. No, ho fatto come ho detto, ho inserito le ricerche che mi interessavano nel mio account, e giornalmente ricevo notifiche su nuovi annunci pubblicati inerenti a ciò che mi interessa, alcuni sono da scartare (perché l'annuncio se contiene la parola scelta o la ricerca salvata arriva indipendentemente dal fatto che sia un buon annuncio per noi o meno) ma molti sono ottimi.

Ognuno di questi siti di annunci generici funziona in modo diverso. Alcuni come Kijiji e Indeed, permettono di inserire il termine di ricerca che deve contenere l'annuncio che vogliamo ricevere. Altri siti invece, come Subito, permettono di farci salvare la ricerca che ci interessa e ci comunicano ogni volta che viene pubblicato un nuovo annuncio per quella ricerca.

Questo non è trovare lavoro passivamente? Io dico di sì e poi c'è ancora altro.

Abbiamo parlato di notifiche:

- Da parte di siti web di settore specifici.
- Da parte di siti web di annunci generici (e abbiamo visto che è possibile filtrare le

notifiche in molti casi, perlomeno nei siti di annunci più popolari).

E ora pensiamo ancora più in grande. Siccome non vogliamo farci mancare niente e non vogliamo tralasciare i progetti pubblicati su siti web meno noti ai quali non siamo registrati, ma anzi, vogliamo essere ovunque, usiamo Google.

Ora penserete che dovrete fare una ricerca ogni mattina. Ma non è così, non avrei potuto chiudere l'elenco con un metodo così stancante e non passivo.

Quindi vi faccio presente, che potete sfruttare i metodi sopra descritti anche con Google, utilizzando Google Alert.

Salvate le ricerche che vi interessano e riceverete le notifiche nella frequenza che vorrete e nell'indirizzo email che vorrete.

Qui i filtri sono molto importanti per ottenere i risultati migliori. Vi lascio qualche indicazione basata sulla mia esperienza.

- Non limitarsi a salvare il termine specifico, per esempio "web master", molti risultati saranno inutili al nostro scopo. Scrivere piuttosto, "cerco web master".
- Tra le opzioni dell'avviso, si può lasciare come fonte, quella "Automatica", ma probabilmente quello che servirà a noi arriva dalla fonte "Web", quindi potete scegliere di impostare

come fonte "Web" per avere meno link da scartare.
- Nel campo "Quantità" per non tralasciare niente, scegliete "Tutti i risultati".

Siccome le ricerche su Google sono così vaste, probabilmente, anche usando al meglio i filtri, ci sarà molto da scartare nelle notifiche che riceverete, ma si tratta di entrare nel meccanismo e poi troverete tutti questi metodi facili da gestire.

14.4 Leggi bene prima di rispondere

L'ultimo consiglio che posso dare è proprio quello che dà il nome al paragrafo. Adesso abbiamo delle notifiche che ci avvisano di tutto ciò che accade online, di chi cerca una determinata figura ecc. Ci ritroveremo a dover rispondere o a doverci candidare a diversi annunci al giorno, ma per ottenere il massimo dei risultati dobbiamo preoccuparci anche di come rispondiamo.

Sia che la notifica arrivi da siti web specifici, sia che arrivi da siti web di annunci generici, la risposta che inviamo è molto importante.

Se per velocizzare il lavoro prepariamo una risposta generica da inviare a tutti e inviamo questa risposta senza nemmeno leggere cosa scrive il potenziale

cliente, probabilmente perderemo un'opportunità.
Ecco perché:

- Rischiamo di inviare qualcosa che non c'entra niente con quello che scrive il cliente e verremo scartati.
- Nel caso delle notifiche che riceviamo dai siti web di annunci generici, rischiamo di rispondere a qualcuno che offre quei servizi scritti nella nostra ricerca salvata e non sta cercando nessuno, anzi si propone come professionista, ma ha sbagliato a pubblicare l'annuncio. Molti infatti sbagliano la categoria di pubblicazione, si confondono o semplicemente sbagliano quando devono scegliere in fase di pubblicazione tra "cerco" e "offro". Quindi in pratica stiamo rispondendo alla concorrenza.
- L'offerta che scriviamo, quasi sicuramente non andrà bene per tutti, a meno che non sia molto vaga e generica, ma anche in questo caso non andrebbe bene comunque, perché chi riceve la candidatura non potrà farsi un'idea sulla nostra offerta, in quanto è troppo vaga e generica.

Questi sono solo alcuni dei motivi per cui bisognerebbe sempre prendersi qualche minuto per scrivere una risposta appropriata alla situazione. E poi dobbiamo pensare che da quella risposta dipende il fatto che possiamo essere scelti o meno per eseguire il lavoro. Quindi perché non perdere qualche minuto in più in modo da aumentare le nostre possibilità di essere scelti?

Mi è capitato, per quanto riguarda i siti di annunci generici, di essere da entrambi i lati del meccanismo. Come dicevo, sfruttando questi stessi miei consigli, sono riuscito a trovare diversi clienti su queste tipologie di siti web. Però, negli anni mi è capitato anche di dover inserire annunci in cui cercavo collaboratori di vario tipo e qui ho scoperto che la ricerca costante (disorganizzata) di lavoro fa commettere molti errori a chi si candida alle varie posizioni.

Il non leggere bene, spinti dalla fretta, dalla voglia di rispondere a più annunci possibile ecc., porta a commettere errori banali che magari bastano e avanzano per essere scartati, quando probabilmente avremmo potuto fare un ottimo lavoro.

Mi è capitato di ricevere candidature che:

- Non avevano niente a che fare con quello che cercavo (né la risposta in sé, né la figura professionale, insomma niente era minimamente compatibile con quanto richiesto).
- Avevano curriculum che non erano tali. Scritti malissimo, senza un ordine logico. Qui apro una parentesi sui curriculum. Non è la quantità di esperienze a fare la differenza, non solo almeno. Ma è soprattutto l'immagine che il

curriculum dà della persona che si candida a una determinata posizione.

- Non rispondevano a nessun punto elencato nell'annuncio. Ho notato che molte persone per quanto riguarda un testo scritto (come quello di annuncio) che contiene diversi punti, danno importanza solo a uno o due di quei punti. Anche quando poi mi mandano un email e io faccio diverse domande per conoscere meglio il candidato. Perché rispondono solo all'ultima domanda? Perché saltano il resto, sono frettolosi e così facendo offrono risposte incomplete che mettono in cattiva luce la candidatura.

14.5 Siti web utili

Ora qualche nota e qualche dritta sui siti web che ci aiuteranno a trovare sempre nuovi clienti e lavori da eseguire.

Approfondiremo sia i siti web di settore specifici (come quelli menzionati nel paragrafo 14.2), sia quelli generici.

Sia chiaro, i siti già menzionati e che troverete in questa lista, non sono gli unici con i quali è possibile fare quanto indicato. Basta fare una semplice ricerca online e ne troverete molti altri.

Nell'elenco io ho preferito inserire quelli online da un periodo considerevole di tempo e con i quali credo sia una buona strategia iniziare. Terrò fuori dalla lista molti siti web esteri seppur autorevoli, in quanto so, che non tutti riuscirebbero a sfruttarli al meglio, per diversi motivi che non sto qui ad elencare.

Quindi in definitiva, questi sono siti web ottimi per entrare nel meccanismo della ricerca passiva di lavori e clienti.

Ok, iniziamo:

- twago.it

Questo sito web forse è stato il primo tra quelli che ho utilizzato e che mi ha aperto gli occhi su questo meccanismo di ricerca clienti semiautomatico.

Allora, il sito web è indubbiamente ben fatto e storico da un certo punto di vista. Offre molto sia ai fornitori di servizi, sia ai clienti che cercano fornitori.

Sul portale non mancano mai i progetti ai quali è possibile iscriversi e riceverete certamente diverse notifiche al giorno relative a nuovi progetti su Twago.

Questo è uno dei motivi principali per il quale consiglio Twago, l'abbondanza di progetti.

È possibile attivare un account gratuito, limitato rispetto ai piani a pagamento, ma almeno potrete valutare il servizio.

L'unica nota dolente in merito ai piani gratuiti su Twago, a mio parere, è che difficilmente si riuscirà ad ottenere molto sfruttandoli.

Sono molto utili per capire il meccanismo e iniziare a fare le proprie candidature, ma se si vuole fare sul serio, consiglio uno dei piani a pagamento.

- link2me.it

Link2Me è un altro sito web storico, anche questo lo uso da anni ormai. Il meccanismo è simile a quello di Twago, ma è certamente diversa la struttura. Anche qui ci sono i fornitori (freelance, agenzie, ecc.) e i clienti che pubblicano i loro progetti.

Link2Me, come Twago, offre la possibilità di iscriversi gratuitamente utilizzando un piano gratuito con delle limitazioni ovviamente.

Forse, rispetto a Twago, viene pubblicato qualche progetto in meno, ma è indubbiamente un sito web al quale bisogna iscriversi.

- starbytes.it

Starbytes è un altro sito web molto interessante. Anche questo online da anni e con un'ampia comunità alle spalle.

Questo sito web, funziona in modo leggermente diverso dai primi due. O meglio, il cliente lo può sfruttare come gli altri due, cioè pubblicando il suo progetto o cercando direttamente il freelance, ma in più, qui il cliente ha la possibilità di aprire un contest.

Cosa significa? In pratica il cliente descrive le sue esigenze, magari ha bisogno di un logo e descrive la sua idea, come e per cosa lo vorrebbe, colori, ecc. A quel punto, tutti i fornitori caricano la loro proposta e il cliente sceglie quella che preferisce.

Questa tipologia di meccanismo prevede la possibilità che venga fatto del lavoro che non verrà mai pagato in quanto non viene scelto dal cliente, ma anche qui si tratta di entrare nel meccanismo.

Prima di tutto è sempre molto importante leggere la descrizione del cliente e cercare di recuperare più informazioni possibile per proporre un progetto che sia il più mirato possibile.

Poi, c'è da dire un'altra cosa importante.

Ricordate quanto detto al paragrafo 4.3?

Per comodità vi riporto un passaggio:

Ipotizziamo di essere dei grafici. È normale che in anni di lavoro, qualcuna delle nostre proposte venga scartata, o perché non abbiamo capito le idee del cliente, o perché il cliente preferisce semplicemente altre proposte, o per mille altri motivi ancora.

Bene, il nostro tempo ormai l'abbiamo sfruttato per creare la nostra proposta, al cliente non va bene? Perfetto, di fatto è ancora mia e io me la rivendo!

Basta pensare a chi progetta loghi, ai web designer, a chi crea materiale pubblicitario ecc., quanto materiale hanno da parte nel proprio PC? Se si lavora da anni direi molto.

E siete davvero sicuri che il logo scartato dal cliente non vada benissimo a un altro cliente?

Certo tutto il materiale, che sia un logo o altro tipo di materiale grafico, va adattato e reso neutro prima di essere messo in vendita, vanno rimossi nomi, slogan ecc., ma si può fare senza problemi.

Quindi si intuisce che basta entrare nel meccanismo e poi non si perderà più di tanto tempo per fare le proprie proposte.

- bestcreativity.com

Siamo partiti da Twago e Link2Me, che permettono di candidarsi ai progetti dei clienti inviando la propria proposta.

Poi siamo passati a Starbytes che combina il sistema dei contest a ciò che fanno anche Twago e Link2Me, per arrivare ora a BestCreativity che si concentra esclusivamente sui contest.

Quindi vale tutto quello che è stato detto sui contest parlando di Starbytes con l'unica differenza che qui, il contest è l'unica strada percorribile.

Anche su BestCreativity i progetti non mancheranno, quindi si troverà sempre il progetto al quale inviare la propria proposta.

- 99designs.it

99designs esiste da diversi anni ormai. Qui la competizione è alta e ci sono professionisti davvero validi all'interno del portale.

Lo spirito del sito web è più internazionale rispetto agli altri e in generale si deve essere davvero bravi per emergere sul portale.

Ovviamente è un ottimo sito da provare e valutare, che consiglio certamente. Ma forse inizialmente troverete più "semplice" sfruttare gli altri portali citati.

Poi se sapete il fatto vostro, e non temete la competizione, ben venga, 99designs c'è, ed è certamente da valutare.

- crebs.it

Crebs è sostanzialmente un sito web di annunci, ma specifico per startup, aziende, ecc., che cercano un professionista in ambito creativo e tecnologico in generale.

Quindi il procedimento è semplice e snello. C'è chi inserisce l'annuncio da una parte, e chi si candida dall'altra.

Non ci sono contest o situazioni simili, si tratta più che altro di un sito web specifico per chi cerca annunci di lavoro in ambito creativo e tecnologico.

- Kijiji, Subito, Indeed, ecc.

Questi, come molti altri, sono siti web di annunci generici (e generico in campo lavorativo per quanto riguarda Indeed), ma si può trovare davvero molto lavoro al loro interno, specialmente se ottimizziamo il nostro tempo e il nostro lavoro sfruttando i Job alert. Ricordate il paragrafo 14.3?

Il potere che hanno questi siti web, nei confronti di chi cerca qualcuno a cui affidare il proprio progetto, è la fama.

Tante volte, chi cerca un professionista e vuole farlo online, pensa subito di inserire un annuncio su Kijiji, Subito ecc., ma perché non conosce altro al di fuori di questi colossi che ha sentito nominare anche in TV.

Bene, a noi non importa. Questi siti web, danno la possibilità agli utenti di inserire annunci di lavoro e gli utenti fanno bene a sfruttare questa possibilità.

L'importante per noi è sapere che c'è chi cerca anche lì, in modo da farci trovare.

Conclusioni

Abbiamo fatto un viaggio dentro il mondo di internet e capito come fare per iniziare a guadagnare online. Questo testo è stato scritto un po' per tutti, sia per chi vuole ottenere le basi per lavorare esclusivamente online (basta pensare all'ultimo capitolo), sia per chi vuole capire come avviare un progetto parallelo al proprio lavoro principale, generando entrate extra.

Molte di queste informazioni che ho dato, le trovate anche sugli articoli pubblicati su pennypressweb.it, ma ovviamente qui, sono state riviste e condite al meglio per fornire il maggior numero di informazioni possibile. In più sono presenti extra, non disponibili sul sito web.

Perché l'idea di racchiudere queste informazioni in un testo? Ho voluto fare qualcosa di diverso dal solito (non dal mio solito lavoro, ma da ciò che vedo in giro). Solitamente si trovano testi che elencano metodi da sfruttare, ma si limitano a quello, nel senso che non aprono la strada alla pratica.

Riporto nuovamente come esempio l'ultimo capitolo. Non si tratta di informazioni standard, nel senso che c'è una differenza tra il dire "ci sarebbe un metodo" e "questo metodo funziona così".

Negli anni ho notato che tanti professionisti, tendono a tenere per loro qualsiasi strategia veramente efficace riescono a trovare e per tutto il resto elencano soluzioni già testate.

Anche qui sono state elencate soluzioni non certo di prima mano, ma è il come si impostano le guide pratiche che fa la differenza.

Tra le prime righe del testo c'è un paragrafo su chi non deve leggere questo libro e chi invece dovrebbe farlo. Perché inserirlo? Perché escludere a priori una fetta di mercato.

Semplicemente perché questo testo, come molti altri, non va letto con il preconcetto che spesso si ha, di non trovare niente di nuovo da imparare.

Se si conosce la risposta a una domanda, quella risposta sarà facile da dare. Quindi sembra sempre superfluo leggere quello che si pensa di conoscere, il punto è che non tutti hanno le stesse competenze e ciò che è un concetto già assimilato per qualcuno, può essere qualcosa di nuovo per un'altra persona.

Quindi è certo che lavorare online è possibile, ed è possibile anche generare guadagni extra, basta mettere al primo posto impegno e voglia di fare che non devono mancare mai. Per questo motivo ho voluto aggiungere al titolo di questo testo la parola "Attivi", per rafforzare ancora di più la tesi che di completamente passivo c'è ben poco, però si può essere molto presenti e attivi passivamente.

Sull'autore

Andrea Romeo, Web marketer e Web master/designer, laureato in Scienze della comunicazione, pubblicità, marketing e nuovi media all'Università degli Studi di Messina.

Ho creato la Penny press web e successivamente Penny's blog, una finestra sul mondo del web, aperta da uno che con il web ci lavora.

Il progetto "Penny press web", ha subito variazioni nel tempo. È sempre stato il mio progetto vetrina principale, ma negli anni l'ho rinnovato molte volte, cercando sempre di offrire qualcosa di nuovo e di buono ai visitatori che per fortuna non mancano mai.

Sito web: www.pennypressweb.it

Email: info@pennypressweb.it

Penny press web e origini del nome

La Penny press web è il mio progetto principale, quello al quale collego tutto il resto. Spesso mi viene chiesto cosa significa il nome, o più semplicemente da dove viene.

Ecco l'origine del nome.

Il nome trae spunto dal fenomeno della "Penny press" degli anni trenta del secolo scorso. Per chi non sapesse di cosa sto parlando, ve lo spiego in breve.

In quegli anni, i giornali quotidiani, non erano per tutti. Considerate che erano venduti a sei cents e il lavoratore medio ne guadagnava circa ottanta al giorno.

Ad un certo punto, la rivoluzione. Vennero ideati giornali (grazia anche alle nuove tecniche di stampa) più economici da produrre e quindi vendibili ad un prezzo inferiore, a un penny. Questo rivoluzionò la stampa, che passava da un qualcosa destinato a pochi, a una risorsa accessibile a tutti. Questa rivoluzione fu chiamata "Penny press".

Su questo spirito ho ideato la Penny press (web), con lo scopo di riuscire a creare qualcosa destinata a un pubblico sempre più ampio.

Note

Note

Note

Note

Note